小团队目标管理

全图解落地版

任康磊◎著

人民邮电出版社

北京

图书在版编目（CIP）数据

小团队目标管理：全图解落地版 / 任康磊著. --
北京：人民邮电出版社，2022.1
ISBN 978-7-115-56803-8

Ⅰ. ①小… Ⅱ. ①任… Ⅲ. ①团队管理—图解 Ⅳ.
①C936-64

中国版本图书馆CIP数据核字(2021)第130497号

内 容 提 要

本书内容涵盖小团队实施目标管理的各模块，以实际场景和应对策略为背景，介绍了小团队管理者在实施目标管理过程中经常遇到的问题、用到的工具和应用的方法。

全书分为 7 章，主要内容包括：团队管理者如何与员工设计目标，如何确认目标，如何围绕目标制订计划，管理者如何在计划执行过程中监督员工执行，管理者如何在目标执行过程中实施员工反馈和辅导，管理者如何对员工目标执行情况做评价，员工目标评价结果如何有效应用。

本书采取图解的形式，通俗易懂、贴近实战，工具和方法丰富，适合企业各级管理者、各类团队管理者、创业者、中小企业主、管理咨询师、人力资源管理各级从业人员、培训师/ 培训工作从业者、管理类相关专业在校生以及所有对人才培养方法感兴趣的人员阅读。

◆ 著　　　　　任康磊
　　责任编辑　　马　霞
　　责任印制　　彭志环

◆ 人民邮电出版社出版发行　　北京市丰台区成寿寺路 11 号
　　邮编　100164　　电子邮件　315@ptpress.com.cn
　　网址　https://www.ptpress.com.cn
　　涿州市般润文化传播有限公司印刷

◆ 开本：700×1000　1/16
　　印张：17.5　　　　　　　　　2022 年 1 月第 1 版
　　字数：213 千字　　　　　　　2025 年 2 月河北第 8 次印刷

定价：69.80 元

读者服务热线：(010)81055296　印装质量热线：(010)81055316
反盗版热线：(010)81055315

在我初入职场时，领导讲过一个关于 4 只毛毛虫的故事，故事的大意是这样的。

有 4 只毛毛虫，到森林里找苹果吃。

第 1 只毛毛虫发现一棵树，再看看周围，很多毛毛虫已经开始爬树。这只毛毛虫不想掉队，于是就稀里糊涂地开始跟着爬树。可当它费了好大力气爬到树顶时，才发现这根本不是苹果树，而且树上什么果子都没有。

第 2 只毛毛虫认出了一棵苹果树，它想自己一定能找到大苹果，于是就爬呀爬呀。爬到树干分叉点时，它开始不知所措，大苹果在什么位置呢？应该在最大的树枝上吧？于是它顺着最大的树枝往上爬，却没有发现大苹果。折返后又在不同粗壮的树枝间尝试，最后只发现一颗很小的苹果。

第 3 只毛毛虫也认出了苹果树，与第 2 只不同的是，它先用望远镜搜索了一番，找到了这棵树上最大的苹果，而且知道自己在出现分岔路口时该怎么走。在别的毛毛虫到处乱窜时，它设定好路线，不慌不忙地出发。但它爬到大苹果所在位置时，发现苹果已经不在了。为什么呢？因为它一开始看到的是已经成熟的苹果，在它没爬到的时候，苹果已经被人摘走了。

第 4 只毛毛虫吸取了前三只的教训，用望远镜找到一朵含苞待放的苹果花。它计算行程后，认为当它到达那朵苹果花时，这朵花正好能长成一个成熟的大苹果。它按这种方式出发，最后果然得到了一颗又大又甜的苹果。

这 4 只毛毛虫的状态，很像世界上的 4 种人。

第 1 种人不知道自己想要什么，毫无目标，一生盲目。

第 2 种人有目标，没计划，虽然知道自己想要什么，但不知道怎么得到，可能会在一些常识的引导下，做出一些看似正确却离目标越来越远的选择。

第 3 种人虽然有清晰的目标、明确的计划，却没有考虑时间的发展变化，以致行动追不上目标。

第 4 种人有目标，有计划，选择合理，相比于前三类人，效率会更高，更容易实现目标。

我曾经和 IBM 咨询团队的人一起共事，有位级别很高的咨询顾问告诉我，在 IBM，每个岗位每一天要做什么都是有目标、有计划的，而且这个目标和计划是自上而下一级一级推导 + 自下而上一级一级承诺得出来的。

自上而下如何推导呢？IBM 总公司会根据战略，规划 3 年后 IBM 的股价将会是多少，要支撑 3 年后的股价，推导 IBM 的经营业绩要达到多少，要实现这个经营业绩，业务要开展哪些，如何开展，市场影响力要达到什么状态，这些目标都要明确。

再向下分解，即根据 IBM 3 年后的目标，推导未来一年的情况，而且要把未来一年的情况推导给全球不同分公司。根据全球不同分公司的情况，再向下分解到不同事业部，不同部门，不同岗位。同时根据业务需求，IBM 也能知道在什么时间内，哪些业务板块需要增加或调整什么样的人，有些不重要的业务，可以直接卖掉。

有些财经新闻经常说 IBM 又裁员了，某块业务又被收购了，不知情的人还以为 IBM 公司发展出现问题了。实际上，IBM 总公司的业绩一直较稳定，很多裁员或业务出售与 IBM 未来的战略规划相匹配。

例如，当年 IBM 电脑硬件业务被联想收购，很多不知情的人以为 IBM 陷入困境了，实际上这是 IBM 卖掉低附加值的业务，把更多精力用于高附加值产品的战略目标，对 IBM 来说，这个决策是正确的。

当然，这对当时的联想来说也不是坏事。联想当时的目标是整合全球 PC 硬件生产，打造全球供应链体系，增加市场份额，巩固品牌。收购 IBM 的 PC 硬件业务对联想来说也是正确的，是联想战略目标在行动上的体现，所以这是个双赢的战略收购。

在自下而上设置目标方面，IBM 是怎么做的呢？

IBM 公司采取的是 PBC（personal business commitments，个人绩效承诺）。PBC 是各岗位根据各业务单元或部门的目标，制定的本岗位业绩承诺。起初，IBM 的 PBC 包括 3 个部分，分别是对结果目标的承诺（win）、对执行措施的承诺（execute）和对团队合作的承诺（team）。

最初 PBC 非常强调目标和执行，后来随着发展，IBM 开始更强调管理者在目标管理中的作用，也更强调个人通过实现目标来促进个人的发展，于是将 PBC 逐渐改成了业务目标（business goals）、员工管理目标（management goals，管理者专有）和个人发展目标（development goals）。

IBM 在全球有几十万员工，这样一台大型商业机器，能通过目标管理把目标和计划做到这种程度，其管理水平在世界上都是首屈一指的。值得一提的是，华为在 IBM 的影响下，也是这样来设计目标体系和实施目标管理的。

我在职场时，参考 IBM 实现战略目标和规划的方法论，结合绩效管理的方法论，形成了一套目标管理方法论。我用这套方法论帮助公司构建战略地图，分解战略目标，让公司人人头上有目标，人人都在做目标，收获了良好效果。

这套方法论不仅适合大公司，也适合小团队。创业后，我不仅在自己的团队中延续运用这套方法论，而且在做目标管理咨询时，也在运用这套核心方法论。我的团队业绩蒸蒸日上，经我辅导过的公司无一例外也都实现了业绩持续增长。

当我把这套目标管理的方法论运用到自己的人生后，发现人生也变得越来越好。我的起点比大多数人都低，我从小父母离异，由祖父母带大，买房买车没用家里一分钱。靠独自打拼，我能成为今天的自己，除了努力外，全靠不断给自己设定目标，不断实现目标。

拿出书举例，如果今天的我问还没开始写作的我：“你觉得自己将来能出书吗？”

当时的我一定会说：“出书？我这辈子要是能出一本书，就心满意足了。”

现在我已经出过很多本书了。而且我系列书的销量，在管理品类中名列前茅，有很多本已经成为经典畅销书。

我以前跟别人讲过自己在不同年份，要达成什么样的目标，而且说过自己计划在什么时候购置什么样的资产，什么时候结婚，什么时候生孩子。

有朋友嘲笑我说：“你怎么连生孩子都规划？”而事实是，我的各种目标不仅都达到了，而且都提前完成了；结婚和生孩子的目标也都在预期年份完成了。受孕有科学的方法，为什么不能当成目标来规划呢？

目标管理的方法对了，大团队、小团队和个人都能从中受益，都能通过这套方法实现心愿。针对很多小团队管理者不懂如何实施目标管理，我总结了自己曾经辅导某公司建立目标管理体系的过程，形成了本书。根据实施目标管理时经常出现的实际问题及解决方案，我总结了实战中上手简单、实用方便又能落地的各类方法和工具。

为便于读者快读阅读、理解、记忆并应用，本书对问题场景、实用工具介绍和对工作相关的应用解析全部采用图解的形式呈现。

祝读者朋友能够学以致用，更好地学习和工作。

本书若有不足之处，欢迎读者朋友批评指正。

■ 本书特色

1. 通俗易懂，上手迅速

本书采取图解的形式，通过对工具和方法的解构，保证读者能够看得懂、学得会、用得上，让读者以最快的速度掌握小团队实施目标管理的关键要务。

2. 内容丰富，实操性强

本书包含小团队目标管理中能够用到的各类工具和方法，将这些工具和方法图形化、可视化、流程化、步骤化，且注明实战中的注意事项，让读者一目了然。

3. 立足实践，解析详尽

本书以小团队目标管理实战中的各类实际场景为背景，通过实际问题引出实战工具，通过对实战工具的充分解析，让读者知其然，更知其所以然。

■ 本书内容及体系结构

本书包含小团队管理者在实施目标管理过程中经常会遇到的问题、用到的工具和应用的方法。

第1章　设计目标

本章主要介绍团队管理者实施目标管理的逻辑，包括目标管理的作用，如何实施和如何培养目标管理意识；目标设计的方向，包括如何设计有效的目标，设计目标时要考虑什么以及如何鼓励员工设计目标；目标设计的重心，包括如何围绕价值设计目标，如何设计目标的先后顺序，目标无法量化时怎么办；目标设计的维度，包括从哪些维度设计目标，不同层级、岗位、角色如何设计目标以及如何划分目标权重。

第2章　确认目标

本章主要介绍团队管理者实施目标管理的周期，包括不同周期的目标如何设计，不同人数的团队和不同岗位如何设计目标；目标分解方法，包括宏观目标和微观目标如何匹配，在针对问题、实现业绩和达成战略的情况下分别如何分解目标；目标沟通方法，包括如何确定目标值，如何与员工就目标进行沟通，员工设定目标时要考虑什么，员工不接受目标怎么办，如何检验目标质量；目标激励方法，包括如何将员工和目标利益予以绑定，如何通过目标设计激励，如何做即时激励。

第3章　制订计划

本章主要介绍团队管理者的总结方法，包括如何客观总结事实，如何分析当前问题，如何有效得出结论，如何编写总结内容；编制计划的方法，包括如何设计目标计划，目标计划的作用原则、设计流程、包含内容，如何实施计划沟通，如何编制目标承诺，以及目标计划中的常见问题。

第4章　执行监督

本章主要介绍团队管理者提前预警的方法，包括如何保证目标落地，如何事先发现问题以及从哪些维度找问题；目标监控的方法，包括如何设置目标监控体系，如何操作目标过程监控，目标过程监控注意事项；问题诊断的方法，包括如何诊断和解决问题，如何引导员工。

第 5 章　反馈辅导

本章主要介绍团队管理者进行目标反馈的方法，包括如何进行即时反馈，如何做正面反馈和负面反馈；目标辅导的方法，包括应用逻辑、角色职责、辅导形式、应用人群、实施方法、传授方法、激励方法和实施技巧。

第 6 章　目标评价

本章主要介绍团队管理者实施目标评价的方法，包括如何实施关键事件法、行为锚定法、行为观察法、加权选择法、强制排序法、强制分布法和360 度评估法；目标评价的注意事项，包括目标评价中的常见问题和评价信息真实性的保障。

第 7 章　结果应用

本章主要介绍目标评价结果在团队层面的应用，包括如何实施团队问题诊断，如何做组织计划调整，如何做岗位调配依据和人才决策参考；目标评价结果在员工层面的应用，包括如何实施薪酬发放调整、如何做员工晋升发展依据，如何实施长期激励和福利荣誉评价。

■ 本书读者对象

企业各级管理者；各类团队管理者；创业者；中小企业主；管理咨询师；人力资源管理各级从业人员；培训师／培训工作从业者；管理类相关专业在校生；所有对人才培养方法感兴趣的人员。

💎 本书背景

1 公司业绩连续3年没增长了，员工都是一副不着急的样子，好像只有我着急。

2 现在公司目标与员工目标有联系吗？公司目标是否达成，对员工利益有较大影响吗？

用为公司总经理 王妍

本书作者 任康磊

3 这个……确实没有……

4 看起来你的团队的目标管理有问题。

5 目标管理？说起来我们确实没重视过，应该怎么做呢？

6 目标管理体现的是团队管理者的管理能力。要做好目标管理，需要团队管理者具备目标管理的意识、掌握工具和方法。

背景介绍

　　用为公司是一家互联网公司，创始人王妍目前带领着 50 人左右的团队。公司采取扁平化管理，分 3 个层级。公司目前面临着目标不清、管理者对目标不敏感、员工目标感不强等问题。这些问题源于团队目标管理存在问题。

目录

01 设计目标   001

01

设计目标————

本章背景

1 别说目标管理了，我们团队现在连目标都不明确。

2 我们就先解决目标设计的问题吧，先要有目标，才有针对目标的一系列管理和行动。

3 设计目标有什么难的，我回头提个要求就可以。

4 要求肯定要提，不过只有要求可不行，没掌握正确的方法，目标设计很可能出问题。

5 确实如此，我们以前也定过目标，不过常和岗位不匹配，体现不出岗位价值。后来觉得定目标没用，就没再做。

6 不是目标没用，而是你们不懂如何设计目标，不懂如何实施目标管理。

背景介绍

目标管理是团队管理者带领员工完成目标、实现战略、达成愿景的有效途径。目标管理的第一步是设计目标。目标不能随意设定，要遵循一定的原则和方法，要与岗位层级和类别匹配，同时要围绕企业价值，明确周期。

1.1　目标管理逻辑

目标管理既是团队管理者帮助员工实现目标的工具，又是确保团队持续达成目标，持续改进目标的过程。实施目标管理，既有助于团队了解过去，认识现在，规划未来，又有助于管理者和员工养成正确的做事方式。

1.1.1　目标管理有什么用

问题场景

1 方向不清晰，路线不清晰，目标不清晰，员工每天都不清楚为了什么而做事，带团队真是太难了。

2 好的目标管理可以解决这些问题。

3 实施了目标管理，团队就能达成目标了吗？

4 不仅是达成目标，目标管理还有助于团队循序渐进地持续进步，这同时也是一种人才培养方式。

5 人才培养方式？这怎么讲？

6 目标管理是一种管理模式，参照这套模式做事，不论是对团队管理者还是对员工，都能显著提升其做事效率。

问题拆解

　　对团队管理者来说，目标管理不是一个可选项，而是一个必选项。有目标管理的团队更容易持续达成目标，员工成长性更佳。没有目标管理的团队员工将无所适从，团队工作无法达到预期，员工也将停滞不前。

方法与工具

工具介绍

目标管理

目标管理是团队管理者和员工为了达到某项目标而实施的管理过程，最终目的是持续提升团队、团队管理者和员工的绩效水平，实现团队、团队管理者和员工的三赢。在目标管理的过程中，团队管理者和员工就目标及如何实现目标达成共识，并通过讨论和辅导的方式，帮助员工成功达成目标。团队管理者和员工共同努力，与团队目标交互作用，最终实现团队目标。

目标管理的 3 大作用

对团队管理者来说，不必再介入各种事务，帮助员工自我决策，能节省时间。减少员工间因职责不清、分工不明而产生误解，减少错误和差错。

对员工来说，能了解自身优势及不足，明确权利和义务，能有机会学习新技能，提升个人能力，同时及时获取完成工作所需的资源支持。

对团队来说，将团队的目标与员工的任务相关联，使团队经营活动获得更高效率，整体士气和氛围得以提升，评判员工有据可依。

应用解析

目标管理应用的 4 大领域

在员工的工作领域，确保员工明确工作任务和操作标准，在规定时间内完成任务。

在团队绩效管理领域，能够了解绩效下降的原因，激发员工完成绩效目标，确保团队绩效达到组织要求。

在员工能力和职业发展领域，能够激发员工潜力，促进员工提升技能水平，为员工创造学习发展机会。

在员工个人生活领域，能够协调员工个人生活和团队利益之间的关系，帮助员工达成生活目标，提升生活质量。

小贴士

任何管理行为都有对应的成本、回报和投资回报率。目标管理可以理解为一种投资，前期需要管理者付出一定的时间成本做大量的沟通，但如果运用得当，它将给团队、团队管理者和员工带来很多意想不到的回报。

1.1.2 如何实施目标管理

问题场景

1 目标管理主要是指制定目标和评估目标吧？

2 目标管理不是一件事，而是一系列事，不是简单地制定目标和评估目标。

3 很多管理工作最后都搞成了"两层皮"，管理者平时做一套，根据任务要求再做一套。我担心目标管理也会变成这样。

4 目标管理实际上体现了团队管理者的管理能力，要落实到日常工作中。

5 看来目标管理的主要责任是在团队管理者身上？

6 不全是，在目标管理中，员工也要做好自己该做的。

问题拆解

　　目标管理是一种管理模式，是团队管理者应当具备的管理能力。成功的目标管理必须融入真实的日常管理工作中。实施目标管理并不只是团队管理者个人的工作，员工在目标管理中同样肩负一定的职责。

方法与工具

工具介绍

实施目标管理的 7 个步骤

　　实施目标管理可以分成 7 步，分别是团队管理者与员工设计目标、确认目标、制订计划、执行监督、反馈辅导、目标评价、结果应用。这 7 个步骤正是本书的写作逻辑。

实施目标管理的 7 个步骤

04
执行
监督

03
制订
计划

05
反馈
辅导

02
确认
目标

06
目标
评价

01
设计
目标

07
结果
应用

应用解析

目标管理中的双方职责

对团队管理者来说，需要在充分沟通的前提下，与员工一起确定目标，制订计划，在员工执行目标过程中实施监控，协调和解决员工问题，帮助员工改进工作，从而达成目标。员工目标达成后，要给员工兑现相应奖励。

对员工来说，要充分理解目标管理的含义，与团队管理者沟通确定目标，编制计划后做出承诺，抱着良好的心态与团队管理者沟通，客观评价自身优点和不足，提高自身能力，更好地完成本岗位职责。

小贴士

目标管理是双方的事。实施目标管理时，只有团队管理者一头热是不行的，员工必须配合团队管理者承担相应的职责。员工的配合多数时候不是自然发生的，可能员工不知道如何配合，也可能员工不愿配合，这时候就需要团队管理者的引导。

1.1.3　如何培养目标意识

🔒 问题场景

1 目标管理虽然好，但好像整个公司只有我关注目标，很多管理者和员工对目标都不重视。

2 如果大家没有目标意识，你一个人干着急也没用。

3 如何让大家具备目标意识呢？

4 这恐怕需要一段时间的刻意培养。

5 意识这个东西听起来很虚，真的可以培养出员工的意识吗？

6 可以的，不过这要看在团队氛围中，目标意识对员工有没有好处。

问题拆解

方法对了，意识也能被培养。但员工愿不愿意接受这种培养，还要看员工和达成目标之间有没有利益绑定。简言之，就是对员工有没有好处。如果目标意识对员工有好处，则很容易培养，如果没有好处，则很难培养。

方法与工具

工具介绍

目标意识培养

　　目标意识的本质是一种思维习惯，有助于员工主动自发地追求目标达成。为促成团队的目标管理，管理者要培养员工的目标意识。目标意识不是一朝一夕能够养成的，在利益的驱动下，需要管理者刻意引导员工一段时间后才能形成。

员工目标意识判断

员工不具备目标意识常见表现

1. 行动之前不事先制定目标
2. 采取行动时没有围绕目标
3. 记不住自己或团队的目标
4. 完不成目标却没有愧疚感

员工具备目标意识常见表现

1. 行动之前一定要制定目标
2. 一定要围绕目标采取行动
3. 能牢记自己或团队的目标
4. 没完成目标感到愧疚

应用解析

培养员工目标意识的 5 个关键

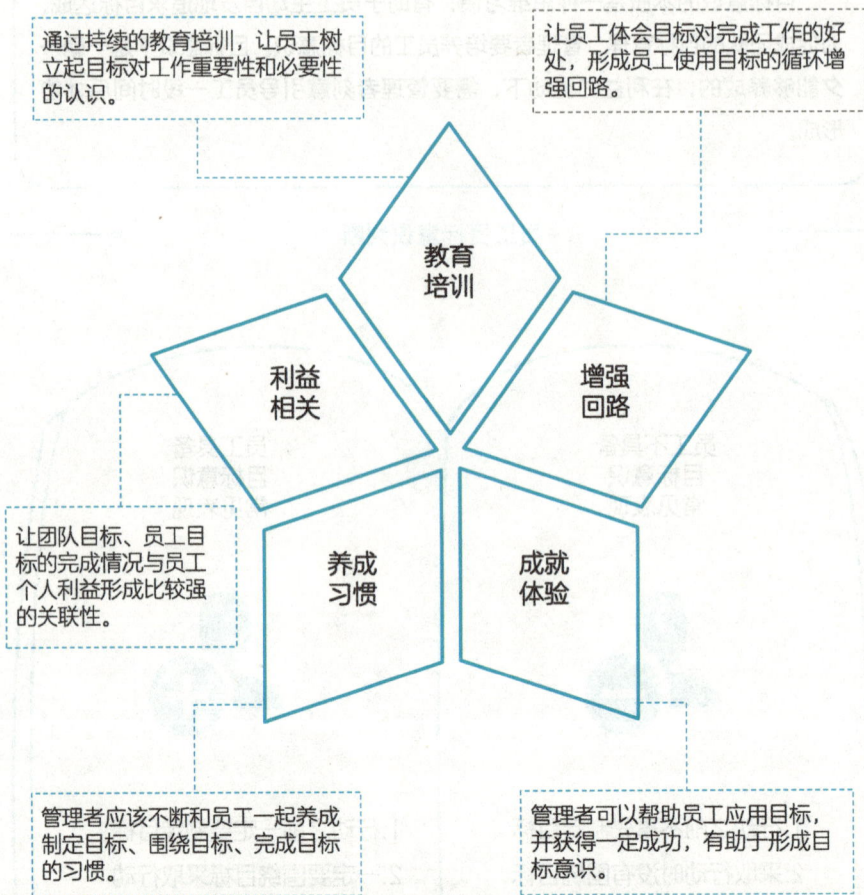

通过持续的教育培训，让员工树立起目标对工作重要性和必要性的认识。

让员工体会目标对完成工作的好处，形成员工使用目标的循环增强回路。

教育培训

利益相关

增强回路

让团队目标、员工目标的完成情况与员工个人利益形成比较强的关联性。

养成习惯

成就体验

管理者应该不断和员工一起养成制定目标、围绕目标、完成目标的习惯。

管理者可以帮助员工应用目标，并获得一定成功，有助于形成目标意识。

小贴士

员工具备目标意识后能有效降低目标管理的成本，提高目标管理效率。对具备目标意识的员工，管理者不需要天天把目标挂在嘴边。反之，不具备目标意识的员工，不论管理者怎么强调目标的重要性，也不会在意。

1.2 目标设计方向

有效的目标是目标管理的前提，无效的目标等于没有目标。目标看似人人都会设定，实际上要设计出有效的目标并不简单，需要遵循一些基本原则和方法。很多团队的目标管理之所以无效，正是因为目标本身有问题。

1.2.1 什么样的目标是有效的

问题场景

1 我们团队这种状况要从哪里开始呢？

2 咱们团队现在还没有设置目标的习惯，可以先从养成设计目标的习惯开始。

3 这个简单，回头我要求每个人都给自己定一个目标，让大家养成定目标的习惯。

4 可以先这样倡导，但要注意，不仅要设定目标，而且要保证目标有效。

5 你的意思是，目标不能瞎设计是吧？

6 是的，目标如果没有效等于没有目标。

问题拆解

有效的目标才是真目标，设计目标的关键不仅在于有没有目标，也在于目标有没有效。要保证目标有效，团队管理者和员工在设计目标时不能"拍脑袋"，不能想当然，应当遵循科学的工具和方法设计目标，并需持续评估目标的有效性。

方法与工具

工具介绍

SMARTER 原则

设定目标时，应当遵循 SMARTER 原则，即具体的（specific）、可以衡量的（measurable）、可以达到的（attainable）、具备相关性的（relevant）、有明确截止期限的（time-bound）、可执行的（executive）、有结果的（result）。

SMARTER 原则

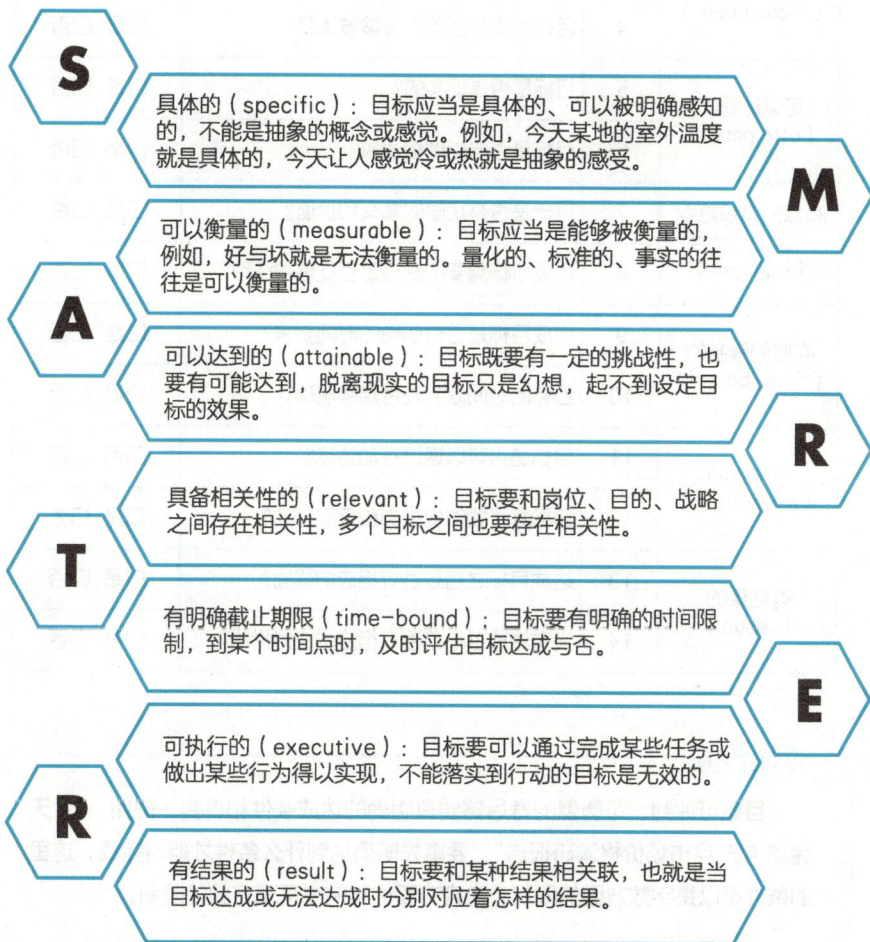

S 具体的（specific）：目标应当是具体的、可以被明确感知的，不能是抽象的概念或感觉。例如，今天某地的室外温度就是具体的，今天让人感觉冷或热就是抽象的感受。

M 可以衡量的（measurable）：目标应当是能够被衡量的，例如，好与坏就是无法衡量的。量化的、标准的、事实的往往是可以衡量的。

A 可以达到的（attainable）：目标既要有一定的挑战性，也要有可能达到，脱离现实的目标只是幻想，起不到设定目标的效果。

R 具备相关性的（relevant）：目标要和岗位、目的、战略之间存在相关性，多个目标之间也要存在相关性。

T 有明确截止期限（time-bound）：目标要有明确的时间限制，到某个时间点时，及时评估目标达成与否。

E 可执行的（executive）：目标要可以通过完成某些任务或做出某些行为得以实现，不能落实到行动的目标是无效的。

R 有结果的（result）：目标要和某种结果相关联，也就是当目标达成或无法达成时分别对应着怎样的结果。

应用解析

SMARTER 原则检验表

原则	序号	对应问题	判断
具体的 （specific）	1	目标是否足够明确？	□是 □否
	2	目标是否足够简单易懂？	□是 □否
可衡量的 （measurable）	3	目标是否具备激励性？	□是 □否
	4	目标达成与否是否能够被衡量？	□是 □否
可以达到的 （attainable）	5	目标是否是现实的？	□是 □否
	6	目标是否与岗位相适应？	□是 □否
与其他目标具有 一定的相关性 （relevant）	7	目标是否有足够的意义和价值？	□是 □否
	8	达成目标需要的资源是否能够被获取？	□是 □否
有时间限制的 （time-bound）	9	完成目标是否有明确的时间要求？	□是 □否
	10	目标的时间限制是否足够明确？	□是 □否
可执行的 （executive）	11	目标是否可以通过行动达成？	□是 □否
	12	目标是否能够促进岗位采取行动？	□是 □否
有结果的 （result）	13	达成目标之后是否有相应的奖励？	□是 □否
	14	没有达成目标是否有相应的应对措施？	□是 □否

> **小贴士**
>
> 目标可评判、可衡量的背后需要有明确的达成条件和事实。例如，"今天完成 A 产品市场价格调研报告"，要事先明确达到什么条件才能叫完成，这里的条件可以是字数方面的限制、内容方面的限制或呈现方面的限制。

1.2.2 设计目标时要考虑什么

问题场景

1 很多员工理不清目标种类，不知道该给自己设计哪一种目标，怎么办呢？

2 可以先盘点目标种类，搞清楚不同种类目标的适用情况。

3 目标都有哪些种类呢？

4 根据适用情况不同，目标的常见分类有7种。

5 这7种目标类别都能用得上吗？

6 当然不是，每种岗位有自己的适用类别，要根据需求选择适合的目标类别。

问题拆解

不同类别岗位的员工设定目标的角度侧重应有所不同。当员工面对很多设置目标的角度不知如何抉择时，可以先盘点目标的类别。根据目标类别的定位和个人岗位需求的不同，从相应角度有针对性地设定目标。

方法与工具

工具介绍

目标的 7 种分类

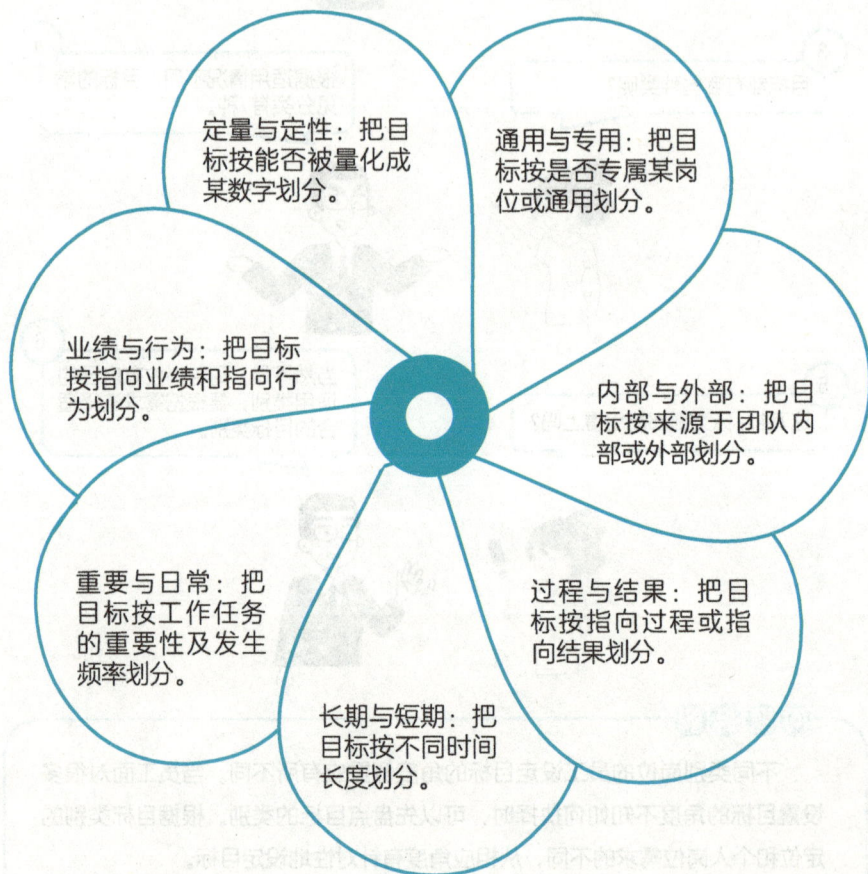

根据不同标准，目标可以被划分成不同类别。不同类别的目标可以在不同场景、不同环境、不同层级和不同岗位中有针对性地应用。常见目标有 7 类，分别是：业绩与行为，定量与定性，通用与专用，内部与外部，过程与结果，长期与短期，重要与日常。

目标的 7 种分类

定量与定性：把目标按能否被量化成某数字划分。

通用与专用：把目标按是否专属某岗位或通用划分。

业绩与行为：把目标按指向业绩和指向行为划分。

内部与外部：把目标按来源于团队内部或外部划分。

重要与日常：把目标按工作任务的重要性及发生频率划分。

过程与结果：把目标按指向过程或指向结果划分。

长期与短期：把目标按不同时间长度划分。

应用解析

目标 7 种分类举例

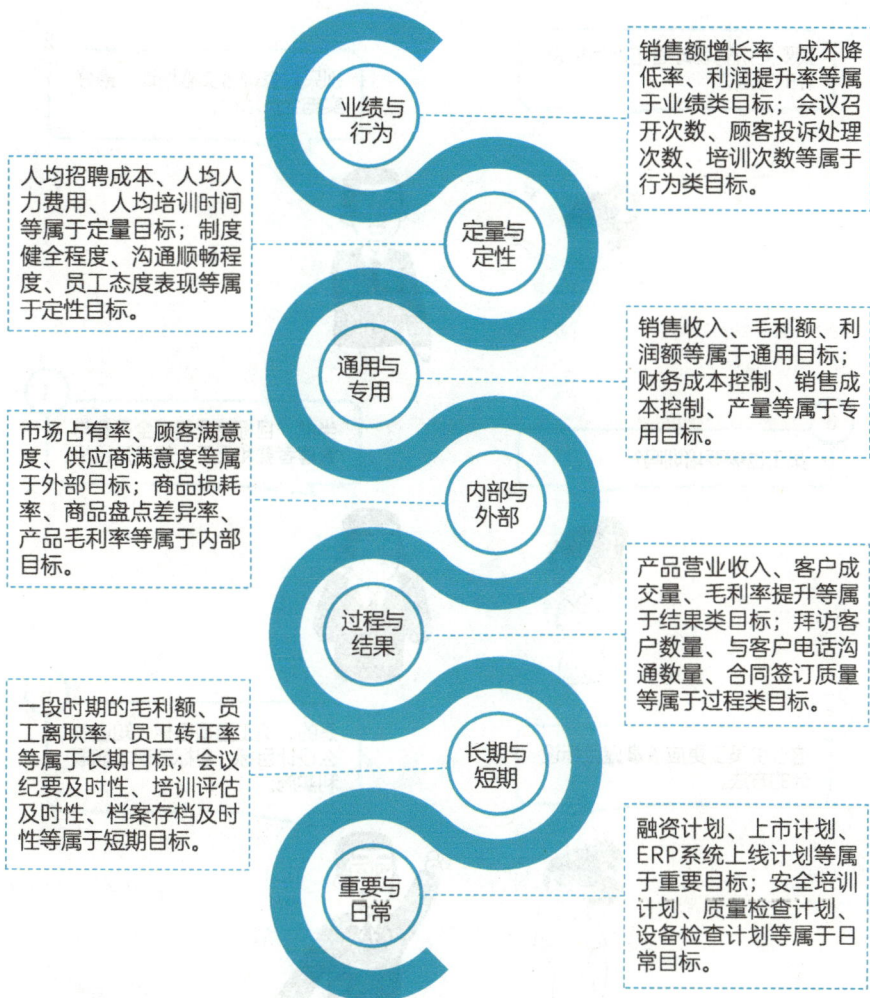

业绩与行为

销售额增长率、成本降低率、利润提升率等属于业绩类目标；会议召开次数、顾客投诉处理次数、培训次数等属于行为类目标。

人均招聘成本、人均人力费用、人均培训时间等属于定量目标；制度健全程度、沟通顺畅程度、员工态度表现等属于定性目标。

定量与定性

通用与专用

销售收入、毛利额、利润额等属于通用目标；财务成本控制、销售成本控制、产量等属于专用目标。

市场占有率、顾客满意度、供应商满意度等属于外部目标；商品损耗率、商品盘点差异率、产品毛利率等属于内部目标。

内部与外部

过程与结果

产品营业收入、客户成交量、毛利率提升等属于结果类目标；拜访客户数量、与客户电话沟通数量、合同签订质量等属于过程类目标。

一段时期的毛利额、员工离职率、员工转正率等属于长期目标；会议纪要及时性、培训评估及时性、档案存档及时性等属于短期目标。

长期与短期

重要与日常

融资计划、上市计划、ERP系统上线计划等属于重要目标；安全培训计划、质量检查计划、设备检查计划等属于日常目标。

小贴士

岗位设置目标时不需要刻意包含各目标类别。一般来说，每个岗位在同一个时间周期设计的目标数量应控制在 8 个以内。如果目标数量过多，很容易分不清主次。

1.2.3　如何鼓励员工参与设计

问题场景

1　我要对所有管理者培训目标设计的方法。

2　别只对管理者实施培训，最好实施全员培训。

3　员工也需要培训吗？

4　当然，目标管理需要全员参与，管理者要和员工一起设计目标。

5　这么说员工更应该掌握目标设计的方法。

6　是的，员工重视目标，知道怎么设计目标，目标管理才能顺利实施。

问题拆解

　　目标管理不是管理者一方的事，需要员工和管理者共同参与。员工在目标管理中担任着重要角色，肩负着执行落实目标的责任，所以需要让员工参与目标设计的全过程。管理者应当和员工一起设计目标。

方法与工具

工具介绍

鼓励员工参与目标管理

目标管理是管理者和员工双方的事，在目标管理全过程中，都需要鼓励员工充分参与。员工是有思想、有情绪的，要引导员工为更好地完成目标做贡献。

在设计目标时，管理者不能把员工看成完成工作的机器，不能不顾及员工的想法、不考虑员工的感受，更不要对员工的意见做过多负面评价，伤害员工的积极性。

管理者让员工参与的 4 个细节

管理者首先要改变自己的观念，摒弃陈旧的管理方式，不能总大包大揽地一个人做决定，要鼓励和邀请员工参与。

管理者要营造团队中一视同仁、共同发展的氛围，让员工在工作过程中感受到来自团队的温暖，感受到团队凝聚力。

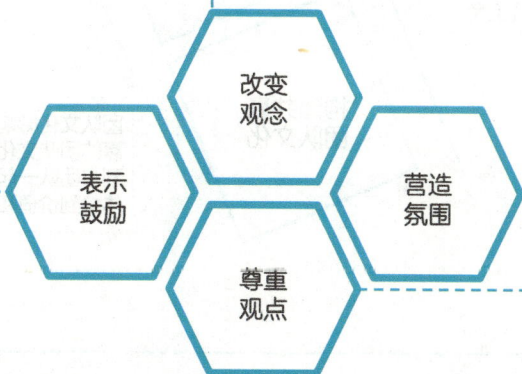

改变
观念

表示
鼓励

营造
氛围

尊重
观点

当员工愿意参与到管理者提议的工作中来时，管理者要鼓励员工，不论员工在参与工作中做出多大贡献，都要肯定员工的参与精神。

管理者要尊重员工的观点，当员工提出意见时，不论管理者内心觉得员工的意见多不合适，也不要直接否定员工的意见。

应用解析

管理者鼓励员工充分参与的 4 项重点工作

除非是敏感或保密信息，让员工了解与工作背景相关的信息不仅有助于员工参与，而且有助于员工更好地完成工作。

保持内部信息互通

管理者要鼓励员工说出对工作的想法，不论员工想法是否有价值，都要首先肯定员工提出想法的行为本身。

鼓励员工说出想法

鼓励员工参与决策

管理者在做工作决策时，应尽可能让员工参与，尤其是当这项工作与员工负责的工作关系较大时。

构建共赢团队文化

团队文化影响员工行为，共赢的团队文化能让员工感受到与团队一起成长的热情，体会到价值和意义。

小贴士

员工的思想层次决定了员工的认知水平，员工的认知水平决定了员工的参与程度。管理者除了鼓励员工之外，对员工的思想教育工作同样非常关键。管理者要在平时工作中通过培训等各种学习形式，培养员工爱岗敬业的精神和团结协作的态度。

1.3 目标设计重心

　　好的目标不仅能满足管理的需要，而且能让员工的个人目标和团队的目标相统一，让员工产生行为动机，激发员工的积极性和主动性，一方面起到激励员工的效果，另一方面通过员工的行动，达成集体目标。

1.3.1 如何围绕价值设计目标

问题场景

1 看来目标不能想当然地设计。把握好方向，目标设计应该就没问题啦！

2 设计目标还有个关键词不能忽略——价值。

3 意思是要围绕价值设计目标是吧？

4 没错，每个岗位都有自己的价值，设计目标时要围绕价值。

5 说起价值，听起来像个很虚的概念。

6 价值其实可以被实实在在地表达出来。

问题拆解

围绕什么设计目标，目标达成后就能实现什么。围绕价值设计目标，目标达成后能实现价值，达到事半功倍的效果。围绕任务来设计目标，目标达成后只能实现任务。至于任务能不能实现价值，要看任务与价值间的关联。

方法与工具

工具介绍

价值的 4 个维度

很多人觉得价值是个很虚的概念，是看不见摸不着，但又不能否认其存在的东西。实际上，价值有虚的一面，也有实的一面。价值能够被量化表达，可以体现在 4 个方面，分别是效益、效率、成本和风险。提高效益、提高效率、降低成本或降低风险，都代表实现了价值。

注意，真正的价值创造，是在其他维度不变差的情况下，优化其中某一个维度或某几个维度。如果某维度变好的前提是另外维度变差，属于等价交换或负价值交换，不能算创造价值。例如，效益提高 10 个单位的代价是效率降低 15 个单位，则不能算创造价值。

价值创造的靶心图

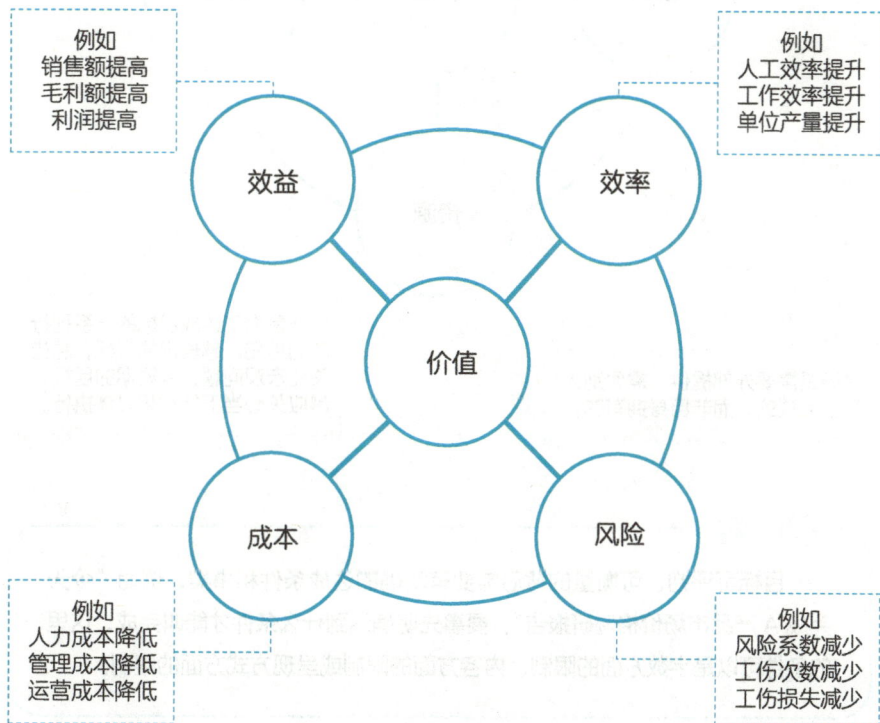

例如
销售额提高
毛利额提高
利润提高

例如
人工效率提升
工作效率提升
单位产量提升

效益

效率

价值

成本

风险

例如
人力成本降低
管理成本降低
运营成本降低

例如
风险系数减少
工伤次数减少
工伤损失减少

应用解析

围绕价值行动的靶心图

基础是管理者为了完成目标所需要的知识、技能，素质等，是管理者自身能控制或提高的。若缺乏基础，管理者应主动补足。

目标是为了实现某个价值，管理者要围绕价值制定目标，明确希望实现哪些具体目标。目标制定要遵循SMARTER原则。

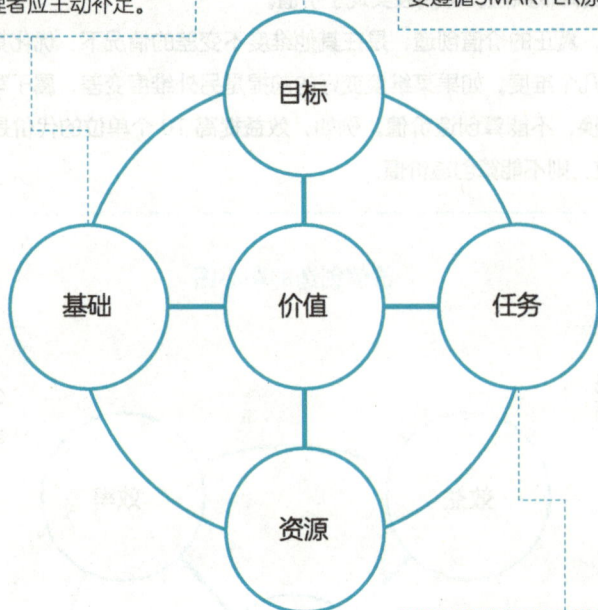

目标

基础　价值　任务

资源

任务是为了达成目标的一系列行动的总和。越长远的目标，越应关注宏观问题，越短期的目标，越应关心当下行动和具体执行。

资源是需要外部提供、需要别人配合完成的，而非自身拥有的。

小贴士

　　目标可评判、可衡量的背后需要有明确的达成条件和事实。例如"今天完成 A 产品市场价格调研报告"，要事先明确达到什么条件才能叫完成。这里的条件可以是字数方面的限制、内容方面的限制或呈现方式方面的限制。

1.3.2   如何设计目标先后顺序

问题场景

1 我们曾经有个团队，在设计目标的环节没问题，但因为目标太多，重要的目标总完不成。

2 那为什么不把时间先用来完成重要的目标呢？

3 因为另外的目标更紧急，或者更容易达成

4 更紧急的目标和更容易达成的目标不一定是重要的目标，我们要把时间用在做正确的事上。

5 怎么判断什么是正确的事呢？

6 可以给目标做重要性排序，那些关乎团队命运的重要目标，对应的就是正确的事。

问题拆解

　　人们喜欢在正确的事和简单的事之间做抉择，选择先做简单的事。目标有轻重缓急之分，比较容易实现的目标并不一定是应该先达成的目标。同样，人们也喜欢在紧急的事和重要的事之间做抉择而优先选择紧急的事，忽略重要的事。

方法与工具

工具介绍

判断完成目标先后顺序的象限法

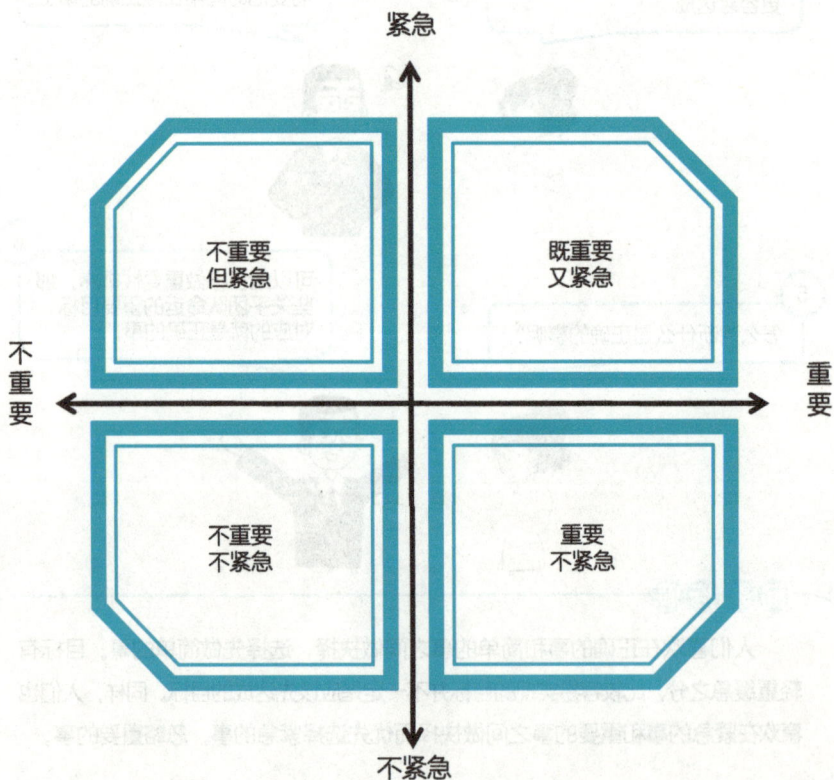

设计目标时，可以按照紧急和重要两大维度，将目标分成 4 类。在时间有限的情况下，先完成重要的目标，而不是紧急的目标。

什么是重要的目标？聚焦价值的目标、对应成果价值高的目标、对团队能产生关键影响的目标，都属于重要的目标，反之就是不重要的目标。

什么是紧急的目标？必须尽快着手才能达成的目标、对应成果能短期实现的目标、需要短时间处理的目标，都属于紧急的目标，反之就是不紧急的目标。

判断完成目标先后顺序的象限法

紧急

| 不重要但紧急 | 既重要又紧急 |

不重要 —————————————— 重要

| 不重要不紧急 | 重要不紧急 |

不紧急

应用解析

判断完成目标先后顺序象限法的应用

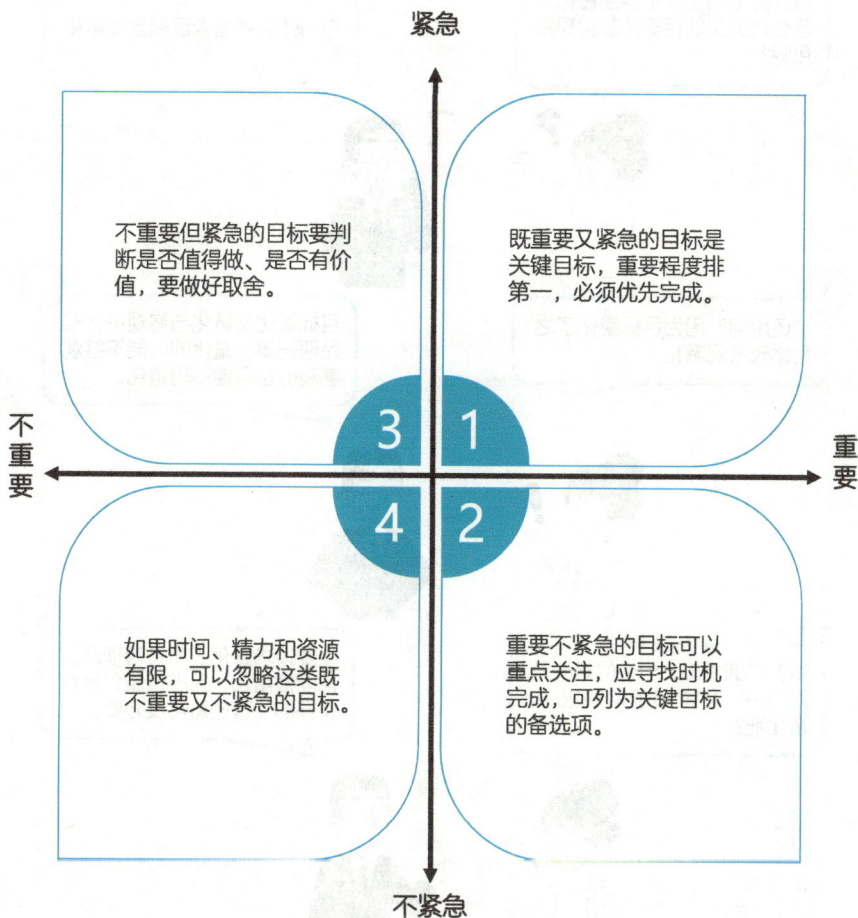

紧急

不重要但紧急的目标要判断是否值得做、是否有价值，要做好取舍。

既重要又紧急的目标是关键目标，重要程度排第一，必须优先完成。

3　1

不重要 ————————————— 重要

4　2

如果时间、精力和资源有限，可以忽略这类既不重要又不紧急的目标。

重要不紧急的目标可以重点关注，应寻找时机完成，可列为关键目标的备选项。

不紧急

小贴士

关于重要和紧急程度的象限法并不是新鲜工具，但知道≠做到，很多人在实务中知道，却总是忘了应用。要避免一看就会、一做就错的问题，需要养成在实务中积极应用掌握的工具的习惯。

1.3.3　目标无法量化时怎么办

问题场景

1 有些岗位的工作不容易量化，怎么让员工的目标全部实现量化呢？

2 你为什么要追求目标全部量化呢？

3 这还用问？因为目标量化了之后比较客观啊！

4 目标量化不量化与客观不客观是两码事，量化的可能不客观，客观的也可能不用量化。

5 咦？仔细想想，你说的好像是对的……有些管理环节没办法量化吧？

6 硬要追求量化，所有管理环节都能被量化，只不过量化是有条件的，有些量化没必要。

问题拆解

　　目标量化或不量化、客观或主观是不同的概念。量化≠客观，不量化≠主观。团队管理者可以尝试让目标量化与客观关联，但没必要过分追求量化或客观。如果目标能被衡量，实现目标后能达到目的，目标就算不量化、不客观也可以。

方法与工具

工具介绍

关于目标量化的认知

　　任何管理环节都能够被量化，但量化的管理成本不同。有些环节需要付出较高的管理成本才能实现量化。管理环节可以追求绝对量化，但无法达到绝对客观。比较难量化的管理环节往往需要用到人为赋值。这就让量化只是在某个逻辑体系下成立，离开这个逻辑体系，将不成立。

　　例如风险的量化，可以在识别风险源之后，把风险按照可能性、频繁度和后果划分成 3 个维度，并给这 3 个维度分别量化赋分，通过对这 3 个维度的综合分析和计算后，得出风险等级。

风险量化的 3 个维度

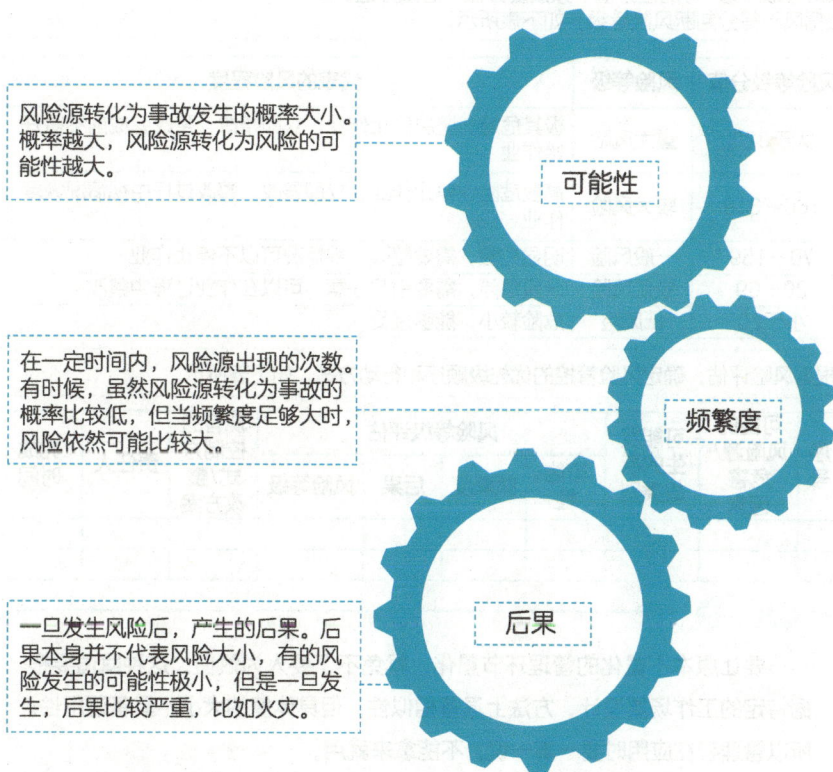

风险源转化为事故发生的概率大小。概率越大，风险源转化为风险的可能性越大。

可能性

在一定时间内，风险源出现的次数。有时候，虽然风险源转化为事故的概率比较低，当频繁度足够大时，风险依然可能比较大。

频繁度

一旦发生风险后，产生的后果。后果本身并不代表风险大小，有的风险发生的可能性极小，但是一旦发生，后果比较严重，比如火灾。

后果

应用解析

风险量化方案应用案例

举例：
某公司生产部门对风险发生的可能性、频繁度和后果的评分定义如下。

分值	风险发生的可能性	分值	风险发生的频繁度	分值	风险发生的后果
10	极为可能	10	每天不定时连续发生	100	群死群伤
6	很有可能	6	每天工作时间内发生	40	数人死亡
3	可能，但非经常	3	大约每周发生一次	15	一人死亡
1	可能性较小，若发生属于意外	2	大约每月发生一次	7	出现重伤
0.5	不太可能，但可以设想	1	大约每季度发生一次	3	出现残疾
0.2	几乎不可能	0.5	大约每年或更多年发生一次	1	有人受伤
0.1	完全不可能				

计算风险等级的公式为：
风险等级分值=可能性分值×频繁度分值×后果分值。
根据风险得分判断风险等级，如下表所示。

风险等级分值	风险等级	代表的风险程度
大于320	重大风险	极其危险，坚决停止作业，立即整改，整改完成前不得开始作业
160～319	较大风险	高度危险，停止作业，立即整改，整改过程中视情况恢复作业
70～159	一般风险	明显危险，需要整改，视情况可以不停止作业
20～69	较低风险	一般危险，需要引起注意，可以在作业过程中整改
小于20	低风险	危险较小，能够接受

根据风险评估，确定风险管控的优先级顺序和行动方案，如下表所示。

序号	可能的风险源/危害因素	可能发生的事故类别	风险等级评估				现有的控制方式/整改方案	责任人	完成时间
			可能性	频繁度	后果	风险等级			

小贴士

　　要让原本不量化的管理环节量化，就免不了要人为赋值。这种赋值要根据特定的工作场景设计，方法上具备相似性，但具体值的大小不具备通用性。所以管理者在应用时要一事一议，不能拿来就用。

1.4　目标设计维度

　　不同维度、不同层级、不同岗位、不同角色在设计目标时有不同特点、不同方法和不同侧重点，管理者和员工设计目标时要综合考虑这些特点，视团队情况操作。初步设计出目标后，要根据目标的重要性划分权重。

1.4.1　能从哪些维度设计目标

问题场景

1　从价值维度设计目标比较偏财务结果，很多中基层员工不懂如何将其直接用于自己的工作。

2　中基层员工要想用好价值维度，需要养成价值思维习惯，要清楚自己每项工作指向的价值是什么。

3　怎么让中基层员工养成价值思维习惯呢？

4　这需要团队管理者在日常工作中不断引导，不断强调和应用价值思维工具，团队中的中基层员工才能养成这种习惯。

5　除了价值维度之外，有没有比较通用简单的目标设计维度？

6　有4个比较简单通用又好记的维度——多、快、好、省，几乎适用任何岗位。

问题拆解

当不知道如何设计目标时，围绕价值来设计一定不会错。此外，还可以围绕岗位工作的侧重点，从不同维度设计目标。例如，采购岗位比较重视质量维度和成本维度，则可主要以这两个维度来设计目标。

方法与工具

工具介绍

设计目标的 4 个通用维度

设定目标时，可以参考 4 个通用维度，分别是多、快、好、省。"多"指的是数量，"快"指的是速度，"好"指的是结果，"省"指的是费用。"多、快、好、省"是目标在不同角度上的表现。

每个岗位的工作任务都能够归结到这 4 个维度。员工在设计目标时，可以根据岗位特性，从这 4 个维度寻找思路。

设计目标的 4 个通用维度

数量（多）
为达成目标，某件事应完成多少数量。

速度（快）
为达成目标，某件事应该在多长时间内、以多快的速度完成。

结果（好）
为达成目标，某件事应达成什么样的结果。

费用（省）
为达成目标，某件事的花费应控制在什么范围。

应用解析

设计目标 4 个通用维度扩展应用

多可以延伸至空间范围，除数量的多与少外，还可以有空间上的大与小、上与下、厚与薄等。

快可以延伸至时间范围，除速度的快与慢外，还可以有时间上的长与短、远与近、急与缓等。

好可以延伸至质量范围，除结果的好与坏外，还可以有质量上的美与缺、优与劣、重与轻等。

省可以延伸至资源范围，除费用的奢与省外，还可以有资源上的贫与富、丰与乏、盈与亏等。

小贴士

人们主观上期望所有工作都能做到"多、快、好、省"，但实际上"多、快、好、省"这 4 个维度是相互矛盾的。通常情况下，要多，就不一定快、不一定好，也不一定费用低；要省钱，就不一定多、不一定快、不一定好。"多快好省"能着重做到其中某一点或某两点就可以，四点面面俱到是不现实的。

1.4.2 不同层级如何设计目标

问题场景

1 这些不同的目标类别如何应用在不同层级的工作上呢？

2 可以根据不同层级工作的落脚点来设计。

3 什么意思？

4 高层工作的落脚点更偏重业绩，应以业绩类目标为主。

5 哦，明白了，基层工作的落脚点更偏重行为，目标应以行为类为主吧？

6 没错，同理，高层更偏重长期目标，基层更偏重短期目标。

问题拆解

不同层级工作的落脚点不同，对应的目标种类也有所不同。高层视野格局更高，更关注战略愿景和远期发展，工作落脚点更宏观。基层工作更具体，更关注执行细节和短期任务，工作落脚点更微观。中层介于高层与基层之间，起到上传下达、承上启下的作用，目标种类也介于两者之间。

方法与工具

工具介绍

3 层级的目标定位

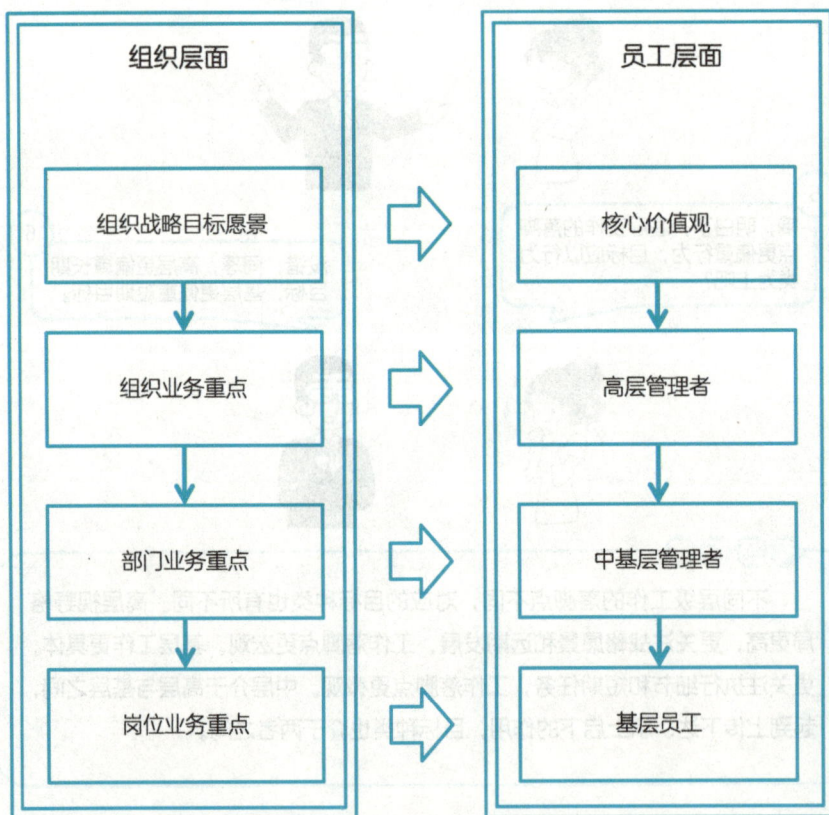

高层是团队的指路明灯，要处理复杂问题，要站在比较高的维度上思考问题，要有大局观。中层是团队的中流砥柱，是腰部力量，一方面要关注高层的战略规划，另一方面要把握基层的工作执行。基层是团队的基石，要关注细节，要执行到位。

高层更关注价值，目标可以聚焦于如何带领团队创造更大的价值。

中层更关注任务，目标可以聚焦于如何保证员工运行好工作项目。

基层更关注行为，目标可以聚焦于如何让每一个行动都执行到位。

3 层级的目标定位

组织层面		员工层面
组织战略目标愿景	⇨	核心价值观
组织业务重点	⇨	高层管理者
部门业务重点	⇨	中基层管理者
岗位业务重点	⇨	基层员工

应用解析

3 层级的目标定位

	关注 结果	关注 侧重	层级 特点	目标 侧重
高层 管理者	价值 结果	聚焦最终价值，更 关注团队层面创造 价值	对整个团队负责； 具备较高的独立性； 非程序化工作较多； 工作内容不固定	业绩目标 定量目标 通用目标 结果目标 长期目标 重要目标
中基层 管理者	任务 结果	聚焦整个任务，更 关注任务的完成 情况	对某个部门负责； 关注部门规划策略； 既有灵活性又有固定性	介于 高层 基层 之间
员工	行为 结果	聚焦具体事件， 更关注事物的数 量或质量	工作程序化较高； 工作内容较固定； 目标职责较具体	行为目标 专用目标 内部目标 过程目标 短期目标 日常目标

小贴士

　　高层重点关注价值，不代表高层不需要关注行为；基层重点关注行为，不代表基层不需要关注价值。重点关注的含义是有所侧重，是第一落脚点。不论处在哪个层级，在关注本层级落脚点的基础上，也应看到别的层级的目标重点，给予适当关注，具备全局视野，有助于更好地达成目标。

1.4.3 不同岗位如何设计目标

🔒 问题场景

1 不同岗位如何根据目标类别设计适合自己的目标呢？

2 可以根据不同岗位存在的意义、定位与工作重点来设计。

3 比如说呢？

4 比如运营类岗位，更关注日常经营行为及业务、财务等运营流程的衔接、执行、协调和监督，你认为生产类岗位应该设定什么目标呢？

5 在"业绩与行为"类别，应该更关注行为类目标吧？在"内部与外部"类别，应该更关注内部目标吧？

6 是的，就是这么思考。在"过程与结果"类别，应该更关注过程类目标；在"重要与日常"类别，应该更关注日常目标。

问题拆解

　　目标设计应当与岗位特性相匹配。不同岗位的定位特性各异，设计目标时的侧重点自然有所不同。如果岗位定位更关注业绩，目标也应更关注业绩；如果岗位定位更关注结果，目标也应更关注结果。

方法与工具

工具介绍

不同岗位设计目标的步骤

　　每个岗位都有其存在的价值与意义，在团队中都有特殊的定位和贡献，工作内容各不相同。团队管理者与员工一起设计岗位目标时，应根据岗位的特性，结合目标的 7 种分类，有侧重地设计岗位目标。

不同岗位设计目标的 4 个步骤

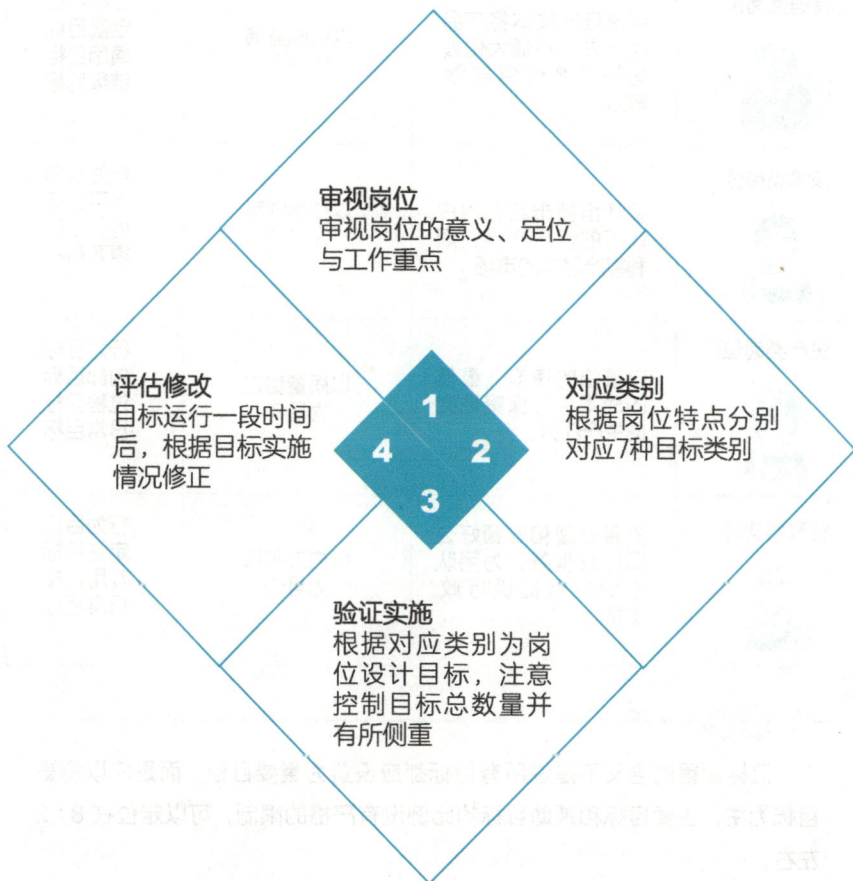

审视岗位
审视岗位的意义、定位与工作重点

评估修改
目标运行一段时间后，根据目标实施情况修正

1
2
4
3

对应类别
根据岗位特点分别对应7种目标类别

验证实施
根据对应类别为岗位设计目标，注意控制目标总数量并有所侧重

应用解析

5 类常见岗位目标侧重

	价值 定位	岗位 特性	目标 侧重
运营类岗位	推进业务运营战略、流程与计划，协调各方执行并实现运营目标	以运营顺畅 为导向	行为目标 内部目标 过程目标 日常目标
营销类岗位	用最低的成本将产品卖出去，并最大化公司的品牌价值与影响力	以达成业绩 为导向	业绩目标 定量目标 通用目标 结果目标
技术类岗位	设计出被市场和用户认可的优质产品，顺利将产品推向市场	以技术创新 为导向	行为目标 专用目标 内部目标 重要目标
生产类岗位	以最快的速度、最低的成本保质保量地完成生产任务	以质量稳定 为导向	行为目标 内部目标 过程目标 日常目标
行政类岗位	妥善处理和安顿好公司行政事务，为团队主业发展提供行政支持	以内部平稳 为导向	行为目标 定性目标 专用目标 日常目标

小贴士

目标侧重的含义不是说所有目标都应设置为重要目标，而是应以侧重目标为主。主要目标和辅助目标的比例没有严格的限制，可以定位在 8∶2 左右。

1.4.4 不同角色如何设计目标

问题场景

1　考虑层级和岗位后，目标设计方法就清晰了。

2　除层级和岗位外，设计目标时还要考虑角色。

3　角色？就是员工的岗位职责吗？

4　角色不是职责，角色要更抽象，是做事方面的侧重。

5　如何划分角色呢？

6　可以复杂，可以简单，小团队可以简单划分成4类。

问题拆解

　　不同角色在设计目标时侧重点也有所不同，对大中型团队来说，角色可以根据迈克尔·波特（Michael E. Porter）的价值链模型来比较细致地划分；对小团队来说，角色可以分成产品员工、媒体员工、运营员工和服务员工4类。

方法与工具

工具介绍

4 种岗位角色对应的目标设计

每个岗位或多或少都会包含 4 类角色，分别是产品员工、营销员工、运营员工和媒体员工。从这 4 类角色的角度出发，有助于快速理解岗位，形成岗位目标。

产品员工角色主要负责生产和输出产品或服务；

运营员工角色主要解决连接和关系问题；

营销员工角色主要负责产品或服务的包装和营销；

媒体员工角色经营流量终端，直接与用户交流。

4 种岗位角色的不同定位

产品员工
产品员工提供产品或服务，是满足顾客需求的媒介

运营员工
运营员工把产品或服务与渠道连接，保证用户获得产品或服务

营销员工
营销员工要保证产品或服务获得最大程度的销售

媒体员工
媒体员工要促进产品或服务获得最大程度的曝光

应用解析

某行政文员岗位在 4 种岗位角色上的目标

产品员工目标
输出某文件
统计某账单
形成某报表

运营员工目标
筹划某活动
组织某会议
规划某方案

营销员工目标
服务某部门
协助某岗位
效劳某职级

媒体员工目标
沟通某部门
传播某内容
告知某信息

小贴士

几乎所有岗位都有这 4 种角色的属性，都离不开这 4 种角色定位，不过侧重点有所不同。为保证目标的完整性，在设计岗位目标时，要注意不要忽略岗位的不同角色，根据岗位的角色属性，有侧重或平均地设计目标。

1.4.5 多目标的权重如何划分

问题场景

1 每个员工有很多目标，怎么表示这些目标之间的重要性呢？

2 可以划分出目标权重，把权重总和设置成100%，数字越大代表重要性越高。

3 怎么确定目标权重的具体数字呢？

4 比较简单的方法是内部讨论后得出权重值。

5 讨论感觉不太科学啊，有没有科学一点的方法？

6 直接讨论出结果的管理成本较低，除此之外可以用专家评审法或质量评分法。

问题拆解

确定目标权重的方法总会有一定的主观性，不存在绝对客观地确定目标权重的方法。如果追求简单快速出结果（低管理成本），可以通过小组讨论直接得到目标权重结果；如果可以承受复杂一些的操作，可以先确立评价维度，再确定目标权重。

方法与工具

工具介绍

目标权重设计

很多岗位在一段时期内不止一个目标。在多目标的情况下，由于目标对团队的贡献度不同，以及岗位工作重心不同，目标应有一定的权重之分。合理分配目标的权重能够帮助团队管理者更准确地进行目标管理，帮助员工分清主次。设置目标权重的方法非常多，比较常见的方法有两种，分别是专家评审法和质量评分法。

目标权重的两种设计方法

专家评审法

质量评分法

专家评审法是指设立专家团，由专家作为评委，独立对所有目标权重进行评价。评价结束后，根据专家评价的结果取平均值，得出最终的目标权重。
专家组成员可以由内部决策层、管理层和外部专家组成，人数最好为奇数，一般为3人、5人或7人。

质量评分法是先设定好目标的大类比例，根据质量评分得出每项目标的加权得分，然后计算目标权重值。目标的质量评分可以根据需要设置，质量评分项一般包括与战略的相关性、目标与岗位的关联性以及岗位的可控性等，也可以根据团队需要设置质量评价项。

应用解析

专家评审法案例

某团队根据战略和价值结构分解，为销售部门设置了5个目标。为确认权重，该团队设立了目标评审专家组。该专家组成员分别由总经理、常务副总经理、分管销售的副总经理以及两位外部咨询顾问组成。专家组成员对销售部门5项目标的权重设置实施独立评价，得到目标权重结果如下表所示。

目标＼评委	A评委	B评委	C评委	D评委	E评委	平均值
销售额	30%	40%	25%	20%	35%	30%
毛利额	10%	5%	15%	10%	10%	10%
顾客数量增加	30%	25%	35%	40%	35%	33%
回款率	20%	25%	20%	20%	15%	20%
销售费用控制	10%	5%	5%	10%	5%	7%

质量评分法案例

某团队将目标分成两大类，一类是关键业绩目标，另一类是团队安排的重大任务目标。这两项目标权重团队已确定，分别是70%和30%。其中关键业绩目标有3个，分别是目标1、目标2和目标3；重大任务指标有2个，分别是目标4和目标5。根据质量评分法得到目标权重结果如下表所示。

目标类型	目标权重	目标	目标质量评价得分				权重
			战略相关性（满分60分）	目标与岗位关联性（满分20分）	岗位的可控性（满分20分）	加权得分（满分100分）	
关键业绩目标	70%	目标1	50	15	15	80	24.3%
		目标2	40	10	10	60	18.3%
		目标3	55	20	15	90	27.4%
重大任务目标	30%	目标4	60	15	20	95	15%
		目标5	60	20	15	95	15%

小贴士

专家评审法和质量评分法应用起来都不容易，管理成本较高。偏基层的管理者和员工之间设定岗位目标权重时，最好采取沟通的方式确定。高层岗位或较重要的某类特定岗位才更值得运用这两类方法。

02

确认目标——

💎 本章背景

1 看来我得要求团队管理者回去给员工定目标、压任务了！

2 自上而下地强制设定目标，员工很可能不接受。

3 那要怎么办呢？

4 设定目标的过程中，团队管理者要和员工充分沟通。另外，目标与员工利益关联度不大的话，员工也不会上心。

5 如何把目标和员工利益结合在一起呢？

6 一是可以在目标分解过程中体现，二是要坚持目标结果应用。

背景介绍

设计完目标后，团队管理者接下来要和员工一起确定目标。确定目标的过程也是员工理解团队战略方向和工作重点的过程。沟通在设定目标的环节至关重要，团队管理者既要注意自上而下实施团队目标分解，又要注意自下而上充分考虑员工利益。

2.1　目标周期

　　所有目标都有时间属性，多长时间内达成什么类型的目标也有规律可循，不同周期下设计的目标应有不同侧重。团队管辖的人数不同，目标设计周期应有所不同。不同类型的岗位，目标设计的周期也应有所不同。

2.1.1 不同周期如何设计目标

🔒 问题场景

1 我现在终于知道为什么原来设计的目标有问题了。

2 知道了目标该怎么设置之后，还要注意目标的时间周期。

3 目标的时间周期是什么意思？

4 就是把目标按周期长短划分成近期目标和远期目标，近期目标和远期目标之间要相互对应。

5 哦，这样目标之间就形成了承接，既考虑眼前，又考虑长远。

6 没错，远期目标是期望，近期目标是为了达成远期目标而存在的。

问题拆解

设计目标时，要根据时间周期的不同，设计不同周期的目标。根据时间长短不同，目标可以分成远期目标和近期目标。远期目标一般是以年为单位的目标，近期目标可以以季度、月度、周、日甚至小时为单位。

方法与工具

工具介绍

常见的 6 类目标周期

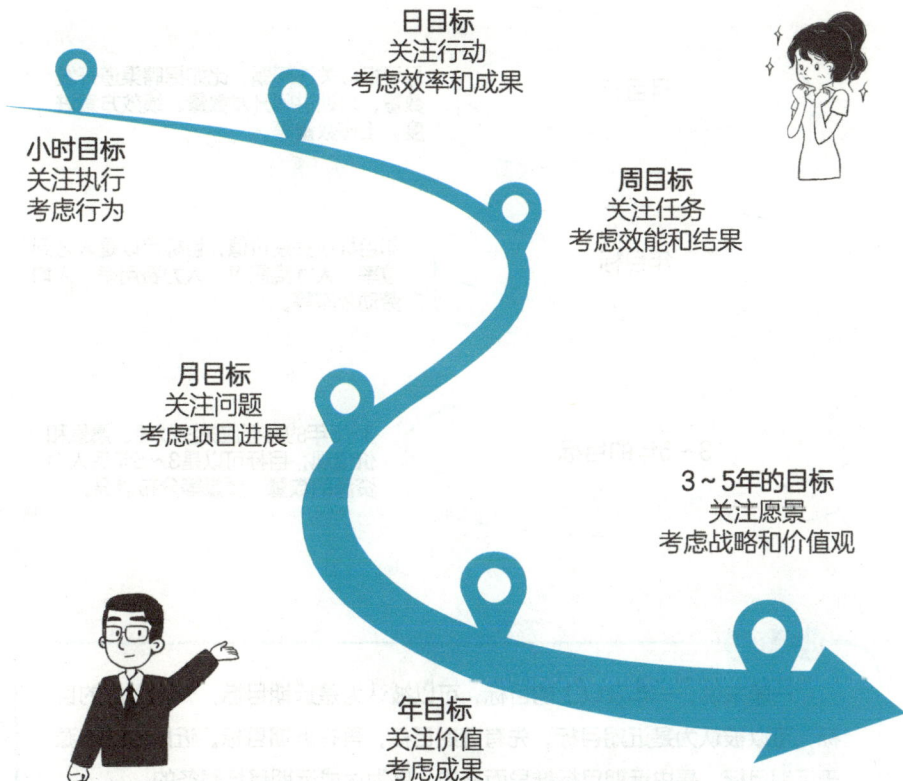

　　根据时间长短不同，常见的目标周期可以分成6类，分别是3～5年的目标，年目标，月目标，周目标，日目标，小时目标。对越远期的目标，应当越关注一些宏观的、模糊的、长远的、愿景类的事物；对越近期的目标，应当越关注一些微观的、具体的、短期的、可操作、可执行的事物。

常见的 6 类目标周期

日目标
关注行动
考虑效率和成果

小时目标
关注执行
考虑行为

周目标
关注任务
考虑效能和结果

月目标
关注问题
考虑项目进展

3～5年的目标
关注愿景
考虑战略和价值观

年目标
关注价值
考虑成果

应用解析

人力资源总监岗位的 6 类目标举例

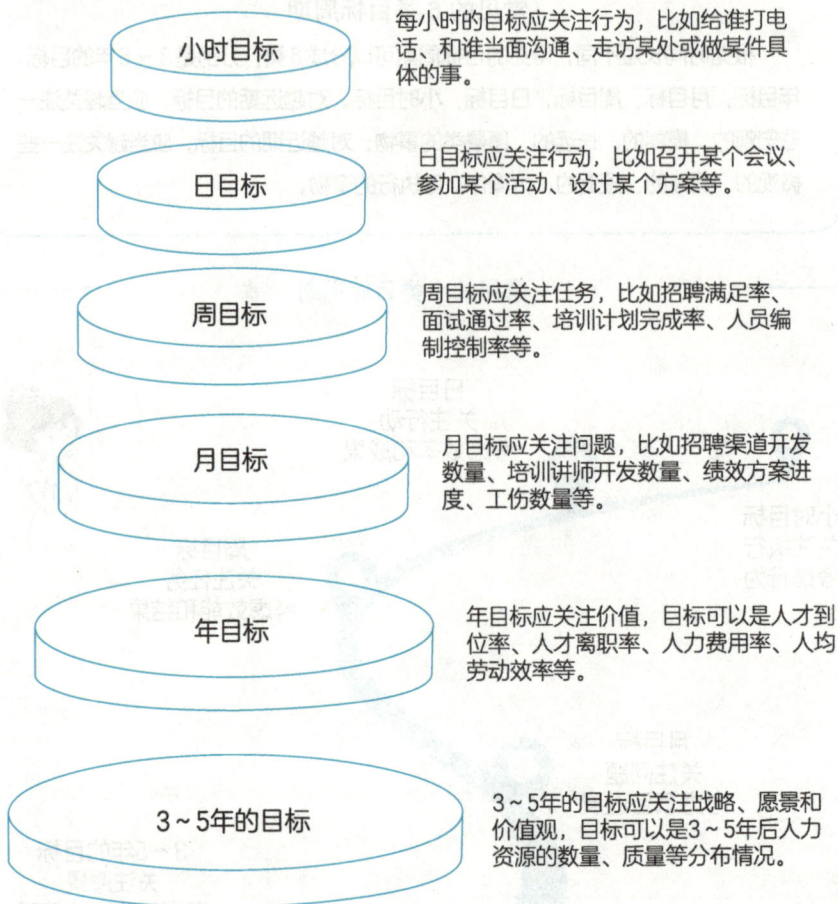

小时目标

每小时的目标应关注行为，比如给谁打电话、和谁当面沟通、走访某处或做某件具体的事。

日目标

日目标应关注行动，比如召开某个会议、参加某个活动、设计某个方案等。

周目标

周目标应关注任务，比如招聘满足率、面试通过率、培训计划完成率、人员编制控制率等。

月目标

月目标应关注问题，比如招聘渠道开发数量、培训讲师开发数量、绩效方案进度、工伤数量等。

年目标

年目标应关注价值，目标可以是人才到位率、人才离职率、人力费用率、人均劳动效率等。

3～5年的目标

3～5年的目标应关注战略、愿景和价值观，目标可以是3～5年后人力资源的数量、质量等分布情况。

小贴士

一般来说，一年及以上的目标，可以被认为是远期目标，一年以内的目标，可以被认为是近期目标。先有远期目标，再有近期目标。近期目标来源于远期目标，是由远期目标推导而来的，是为达成远期目标服务的。

2.1.2 不同人数如何设计周期

问题场景

1 我发现自己只会低头走路，不喜欢抬头看天，远期目标制定得不好。

2 如果远期目标设计有问题，会直接影响近期目标，因为近期目标来源于远期目标。

3 说来惭愧，我发现自己是做一天和尚撞一天钟。

4 你是总经理，你管辖的团队人数较多，应该更关注远期目标。

5 我是不是应该把抓近期目标的工作交给更基层的团队管理者啊？

6 是的，不仅是管理层级，不同的人数管辖范围，关注的目标周期也是不同的。

问题拆解

按照人数设计目标管理周期时，一般有这样的规律：人数越少的团队，目标管理周期应越短，团队管理者应越关注近期目标；人数越多的团队，目标管理周期应越长，团队管理者应越关注远期目标。

方法与工具

工具介绍

团队人数与目标周期的关系

人数较少的团队，团队管理者的管理范围较小，目标管理精细化程度较高，有更多时间与团队成员设计、执行和评估目标。人数较多的团队，团队管理者的管理范围较大，目标管理精细化程度较低，目标周期如果设置的较短管理成本就较高，所以应设置较长的周期。

团队人数与目标周期关系参与

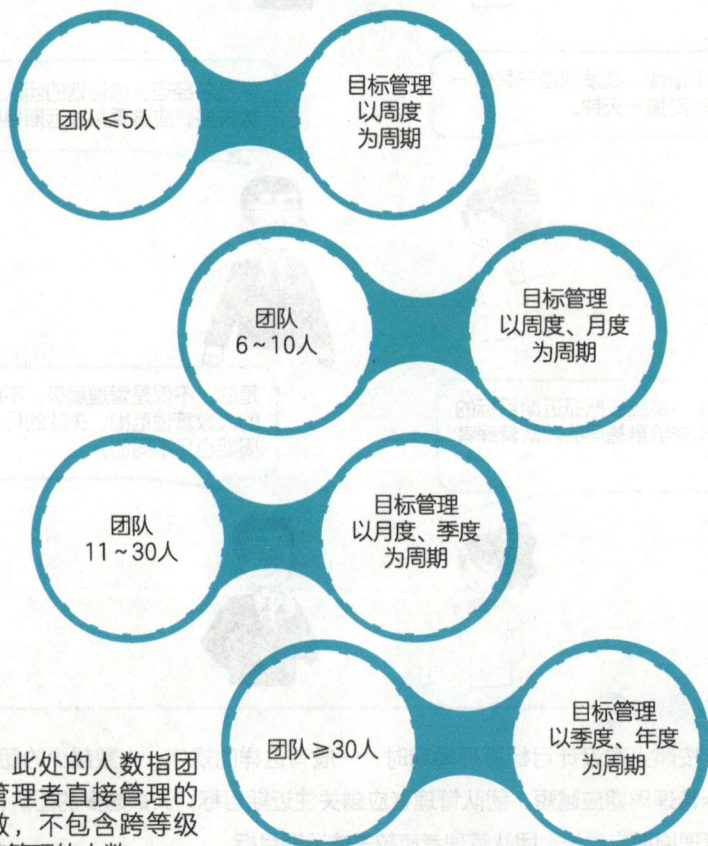

团队≤5人 —— 目标管理以周度为周期

团队6~10人 —— 目标管理以周度、月度为周期

团队11~30人 —— 目标管理以月度、季度为周期

团队≥30人 —— 目标管理以季度、年度为周期

注：此处的人数指团队管理者直接管理的人数，不包含跨等级间接管理的人数。

应用解析

某项目制公司组织机构图

该公司目标管理周期为周。团队管理者每周和员工就目标完成情况沟通。

以总经理和5个项目负责人为首的公司管理层团队人数少于10人

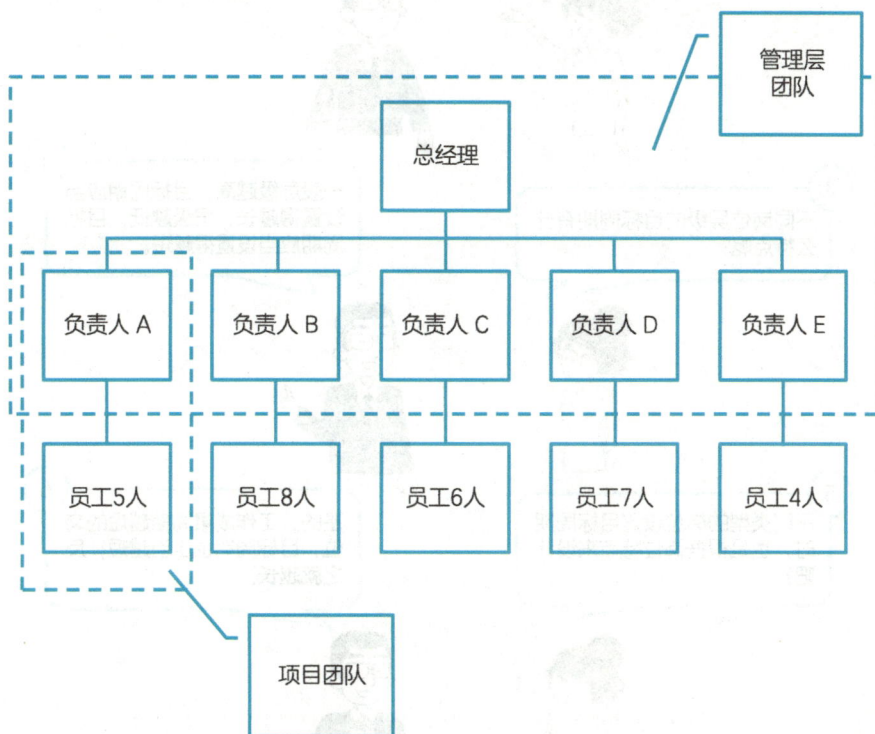

```
                                              管理层
                                              团队

                    总经理

  负责人 A    负责人 B    负责人 C    负责人 D    负责人 E

  员工5人     员工8人     员工6人     员工7人     员工4人

            项目团队
```

小贴士

　　周期越短的目标管理执行力越高，所以建议尽量打散大团队、大部门式的管理模式，强调小团队内部的目标管理。每个管理者的管理范围是有限的，应尽量减少团队管理者直接管理员工的人数，最好将每个团队管理者直接管理的人数控制在 10 人以内。

2.1.3 不同岗位如何设计周期

问题场景

1 目标周期设置得短一些好，还是长一些好呢？

2 这要看岗位层级和岗位类型，不能一概而论。

3 不同岗位层级的目标周期有什么特点呢？

4 一般层级越高，目标周期应当设置得越长；层级越低，目标周期应当设置得越短。

5 不同类型的岗位设置目标周期时，也是根据岗位特点来设计吧？

6 是的，工作成果周期越短的岗位，目标周期也应当越短；反之就越长。

问题拆解

不同层级和不同类型的岗位应根据岗位特点来设置目标周期。设计目标周期时，应关注短期目标和长期目标相匹配。更关注短期目标的岗位类型，目标管理周期应当较短；更关注长期目标的岗位类型，目标管理周期应当较长。

方法与工具

工具介绍

3 层级目标周期的特点

对管理岗位，根据职责权限和管理属性不同，一般越高层，越关注长期目标，目标管理的周期可以越长；越接近基层，越关注短期目标，目标管理周期应当越短。

3 层级目标周期的特点

	目标管理周期特点	目标管理周期维度
高层管理者	关注长期目标	年度 半年度 季度
中层管理者	关注中期目标	半年度 季度 月度
基层管理者	关注短期目标	月度 季度 周度

应用解析

不同岗位类别目标管理的特点

	目标管理周期特点	目标管理周期维度
运营类岗位	关注中短期目标	天周度月度
营销类岗位	关注中短期目标	月度季度半年度
技术类岗位	关注中长期目标	季度半年度年度或按项目周期
生产类岗位	关注中短期目标	天周度月度
行政类岗位	关注中短期目标	周度月度季度

小贴士

除团队人数规模和岗位类型外，目标管理周期还与市场变化速度、技术产品迭代速度、团队战略转型变化速度有关。一般来说，市场变化速度越快，技术产品迭代速度越快，团队战略转型变化速度越快，目标管理的实施周期应当越短。

2.2 目标分解

对目标设计和分解的通用过程，是将组织目标分解后，先自上而下地分配给各部门，由各部门分配给各岗位，再自下而上沟通、调整和确认的过程。常见的目标分解方法有 3 种，分别是针对问题分解目标，为实现业绩分解目标和为达成战略分解目标。

2.2.1　如何匹配宏观与微观目标

问题场景

1 我们之前出现过一种情况：员工目标达成了，团队目标却没达成。

2 这是典型的员工目标不能支撑团队目标。

3 问题出在哪里呢？

4 这种情况通常是没做好宏观目标到微观目标的转换。

5 那应该怎么样才能做到这一点呢？

6 把宏观目标和微观目标放在一起设计，用图形或数字表达出来，厘清它们的逻辑关系，就能避免出问题。

问题拆解

　　宏观目标分解到微观目标的过程容易出现目标错配问题，就是微观目标不能为实现宏观目标服务。这种情况除了团队管理者需要在员工设计微观目标时把好关之外，还可以把宏观目标到微观目标的推导过程用图示或数字的形式表达清楚，厘清其内在逻辑。

方法与工具

工具介绍

常见的3种目标分解方法

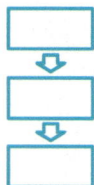

宏观目标分解为微观目标的方法有3种。

第1种是针对一个宏观问题实施的目标分解，叫三层级目标分解法。

第2种是针对要实现的某个价值实施的目标分解，叫价值结构目标分解法。

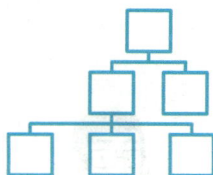

第3种是为达成某个战略实施的目标分解，叫战略地图目标分解法。

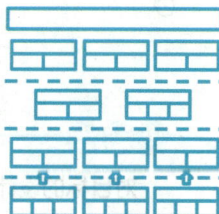

常见的3种目标分解方法

三层级
目标
分解法

适用于解决某类问题

价值结构目标
分解法

适用于实现某种价值

适用于实现某个战略

战略地图目标
分解法

应用解析

目标分解原理

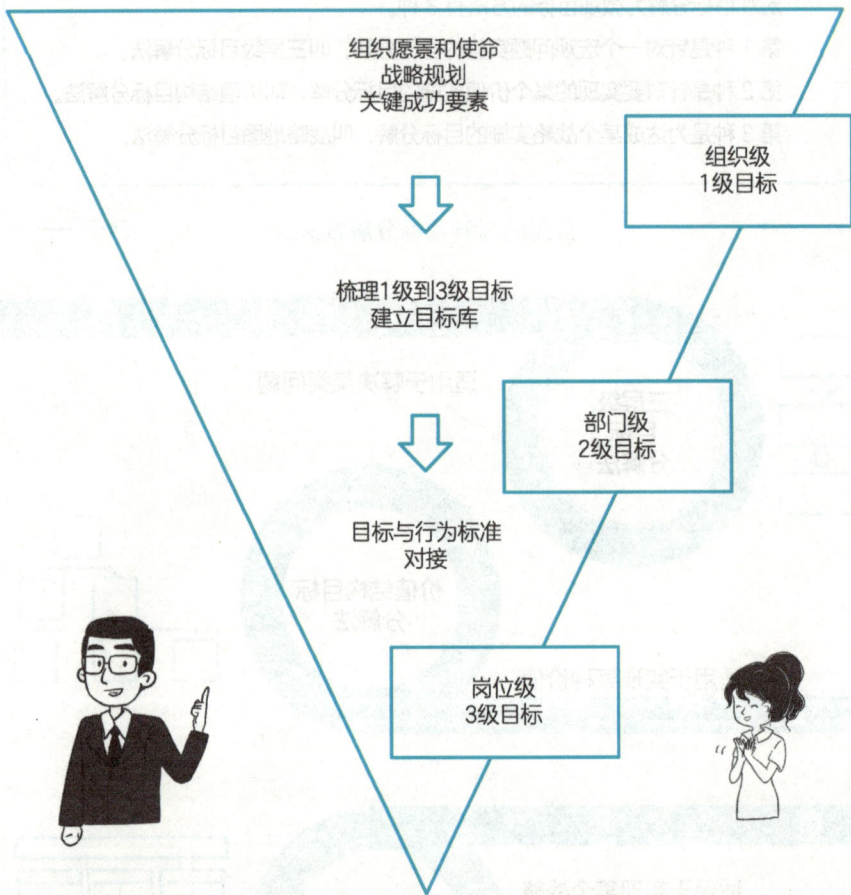

组织愿景和使命
战略规划
关键成功要素

组织级
1级目标

梳理1级到3级目标
建立目标库

部门级
2级目标

目标与行为标准
对接

岗位级
3级目标

小贴士

对目标的设计和分解过程，是将组织目标分解后，先自上而下地分配给各部门，由各部门分配给各岗位，延续自下而上地沟通、调整、确认的过程。通过这一系列过程最终确认的目标，能够保证组织实现整体目标。

2.2.2　针对问题如何分解目标

🔒 问题场景

1. 三层级目标分解法该怎么用呢？看起来就是把目标分到了3个层级。

2. 这种方法的原理是把问题分层，分成组织层面要解决的问题、流程层面要解决的问题、任务层面要解决的问题。

3. 什么样的问题都可以用这个方法吗？

4. 这种方法适合一切能够被解构和改善的问题。

5. 一定要分成3个层级吗？如果只能分两个层级或想分更多层级可以吗？

6. 3可以是实数，也可以是虚数，明白了原理，分2层或分4层都是可以的。

问题拆解

当团队遇到某个问题，要以解决问题为大目标来做目标分解时，可以用三层级目标分解法。三层级目标分解法的本质是对问题从宏观到微观的分解过程。根据实际情况，问题层级的划分可以是 3 层，也可以是更少或更多层。

方法与工具

工具介绍

三层级目标分解法

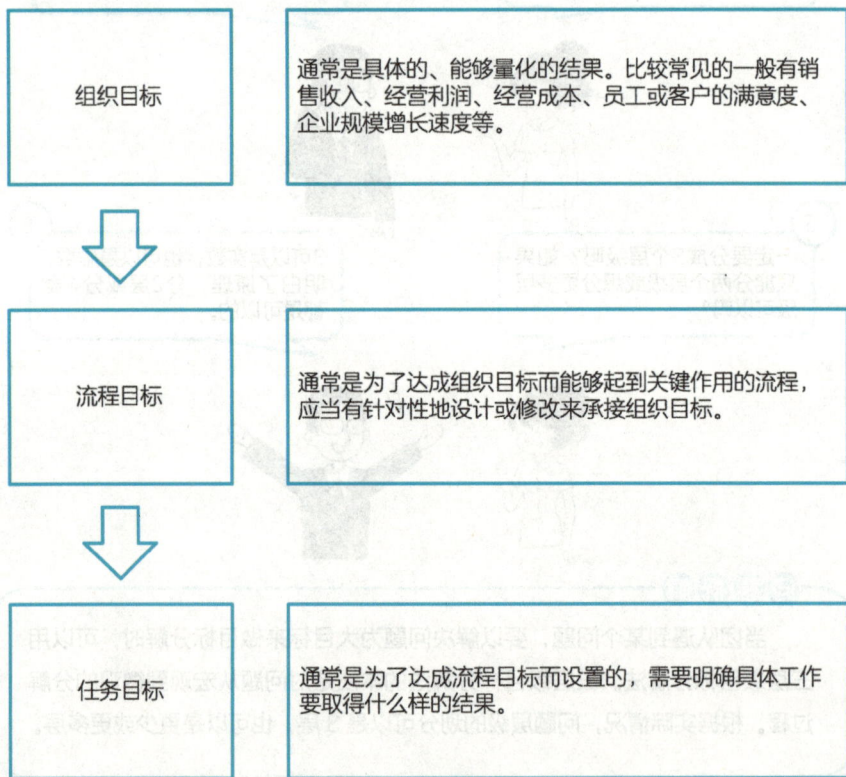

三层级目标分解法比较适合解决某个具体问题。这种方法是把团队目标分解为组织目标、流程目标和任务目标3个部分。这3个层面的目标一般是自上而下、由少到多的关系。

组织目标要想最终落地，需要有其他目标作为支持。在设计整个目标体系时，需要充分考虑其他目标对组织目标的作用和因果关系。通过逐项实现其他目标，最终达到组织目标。

三层级目标分解法

组织目标	通常是具体的、能够量化的结果。比较常见的一般有销售收入、经营利润、经营成本、员工或客户的满意度、企业规模增长速度等。
流程目标	通常是为了达成组织目标而能够起到关键作用的流程，应当有针对性地设计或修改来承接组织目标。
任务目标	通常是为了达成流程目标而设置的，需要明确具体工作要取得什么样的结果。

应用解析

三层级目标分解法应用案例

某餐饮公司近期业绩下滑，分析后发现原因是顾客满意度降低，于是将提高顾客满意度设置为组织目标。顾客满意度低的原因有两个：上餐时间慢；菜品口味不一致。该公司将此设置为流程目标，并针对流程目标设置任务目标结果如下。

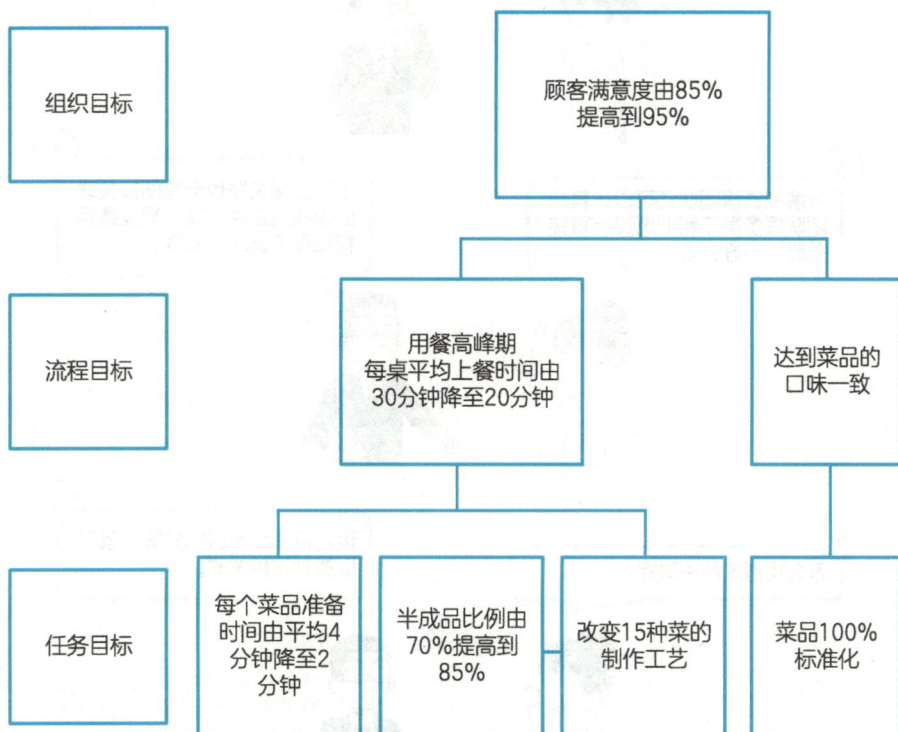

组织目标	顾客满意度由85%提高到95%	
流程目标	用餐高峰期每桌平均上餐时间由30分钟降至20分钟	达到菜品的口味一致
任务目标	每个菜品准备时间由平均4分钟降至2分钟 / 半成品比例由70%提高到85% / 改变15种菜的制作工艺	菜品100%标准化

小贴士

运用三层级目标分解法定义出任务目标后，能充分支持流程目标。流程目标也能充分支持组织目标。要保证这三层级目标最终实现，就要给每个目标设置具体的责任岗位，保证责任到人，成为该责任人一段时间内的工作目标。

2.2.3　实现业绩如何分解目标

🔒 **问题场景**

1 我们常常有明确的业绩目标，却实现不了。

2 这个业绩目标有分解到每个具体员工身上吗？

3 分解到销售团队还可以，其余团队很多员工和业绩没有直接关联，不好分解啊。

4 没有直接关联也会有间接关联，必须找到这种关联，把业绩目标和每个员工做关联。

5 怎么找到这种关联呢？

6 运用价值结构目标分解法就可以找到这种关联。

问题拆解

团队的业绩目标并不只与销售部门相关，实现业绩目标需要很多目标支持。团队通过价值结构目标分解法，可以将业绩目标细分成不同的目标。再通过将这些细分目标分解到不同岗位，保证业绩目标得以实现。

方法与工具

工具介绍

价值结构目标分解法

价值结构目标分解法是指为了实现某个价值目标而做的层层分解。这里的价值目标可以是实现某效益、提高某效率、降低某成本或降低某风险。

价值结构分解可以帮助组织分析和厘清现状，体现数据与数据之间的关联作用，能快速发现问题，找到薄弱环节。

价值结构就好像是影响事情发展的价值链条，通过梳理最终都可以用简单的加减乘除的形式表现出来，例如：利润额＝收入－成本；毛利额＝销售额×毛利率；成交率＝成交客户数÷总客户数。

价值结构目标分解法的实施步骤

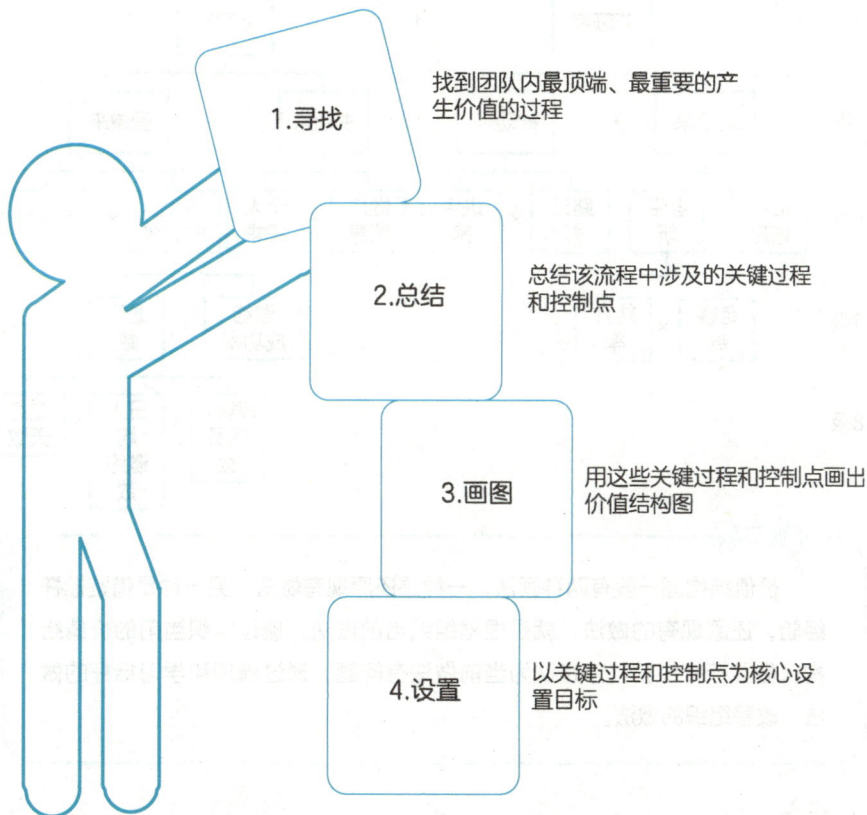

1.寻找 找到团队内最顶端、最重要的产生价值的过程

2.总结 总结该流程中涉及的关键过程和控制点

3.画图 用这些关键过程和控制点画出价值结构图

4.设置 以关键过程和控制点为核心设置目标

应用解析

价值结构目标分解法应用案例

某线下零售公司追求利润最大化，为此，该公司以利润为顶层价值目标，将利润逐级分解。为举例说明，每向下一级仅分解部分目标。

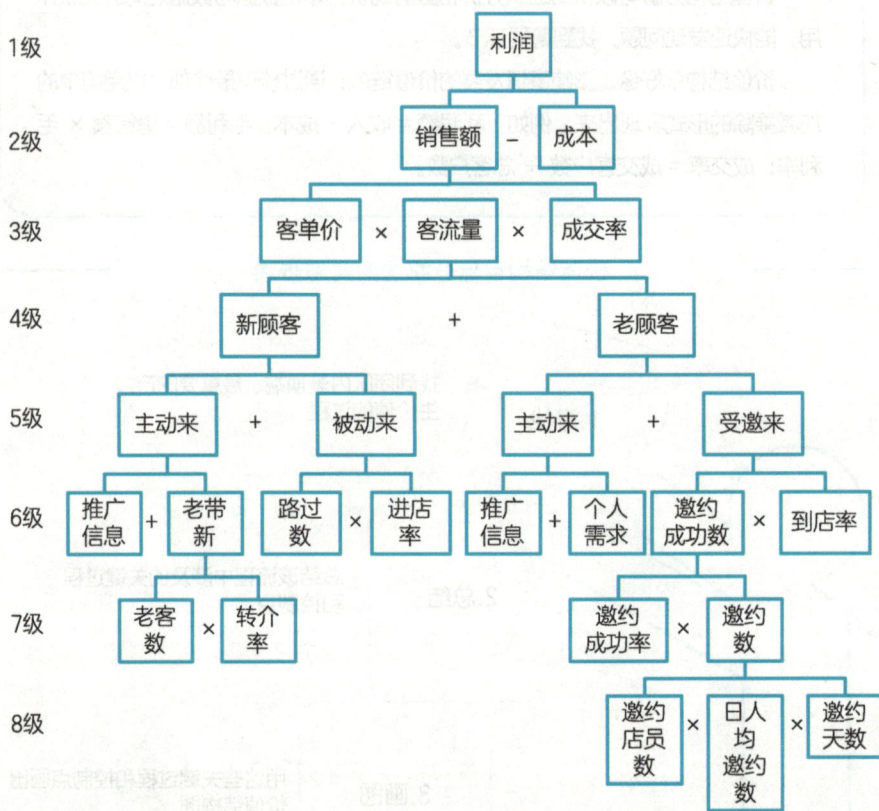

级别	结构图
1级	利润
2级	销售额 － 成本
3级	客单价 × 客流量 × 成交率
4级	新顾客 ＋ 老顾客
5级	主动来 ＋ 被动来　　主动来 ＋ 受邀来
6级	推广信息 ＋ 老带新　路过数 × 进店率　推广信息 ＋ 个人需求　邀约成功数 × 到店率
7级	老客数 × 转介率　　邀约成功率 × 邀约数
8级	邀约店员数 × 日人均邀约数 × 邀约天数

> **小贴士**
>
> 　价值结构图一般有两种画法，一种是还原现有做法；另一种是借鉴标杆经验。还原现有的做法，就是根据组织当前做法，梳理组织当前的价值结构；借鉴标杆经验，就是认为当前做法有问题，通过梳理和学习标杆的做法，改善组织的做法。

2.2.4 达成战略如何分解目标

问题场景

1 我一直为实现不了长远战略目标而发愁呢。

2 你的战略目标是什么呢？

3 就是让公司持续、快速发展，并保持比较强的竞争力呀。

4 你这个战略目标不够明确，更像是种愿景。

5 看来问题出在我这里。

6 先提出愿景也不是不行，可以通过战略地图法把愿景转化成具体战略目标。

问题拆解

愿景≠战略。愿景通常是模糊的愿望，战略需要有具体的目标。愿景可以指明大致的方向，战略需要落实到具体行动。运用战略地图目标分解法，可以将比较虚的愿景分解成比较实的战略目标。

🔑 方法与工具

工具介绍

战略地图目标分解法

战略地图目标分解法是描述和分解战略的工具，它是在愿景的指引下，通过画战略地图的方法分解战略，将目标层层分解，各层级目标之间呈因果关系和递进关系。当各层级目标全部达成之后，即意味着实现了组织的战略和愿景。

要做战略地图，就要用到平衡计分卡（BSC，the balanced score cards）。平衡计分卡的核心思想是通过财务（financial）、客户（customers）、内部经营过程（internal business progress）、学习与成长（learning and growth）4个方面相互驱动的因果关系，展现出组织的战略轨迹。平衡记分卡中的每项目标都是一系列因果关系中的一环，通过它们把组织目标和相关部门的目标联系在一起。

平衡计分卡的 4 个维度

客户细分
- 谁是我们的客户
- 我们的价值定位
- 我们如何知道客户是否满意
- 市场份额
- 客户获得、保留、满意
- 带来最大利润的客户

财务维度

我们如何对股东负责?

重要经营绩效
- 战略期望的财务结果
- 收入增长及其组合
- 成本降低、生产率提高
- 资产利用和投资战略

客户维度

客户如何看待我们?

愿景与战略

内部经营过程维度

我们必须专长于哪些方面?

必须具备能力与条件
- 领导力、核心胜任能力
- 知识资产
- 信息与技术
- 工作环境、企业文化

学习与成长维度

如何不断改进和创造价值?

满足客户需求的核心流程
- 产品开发
- 产品生产
- 产品销售
- 售后服务

应用解析

战略地图目标分解法应用案例

某上市公司的愿景是"持续强化行业内的领先地位"。基于此,该公司在财务、市场、流程和创新4个层面层层分解,分布落实目标,取得了较好的经营成果。

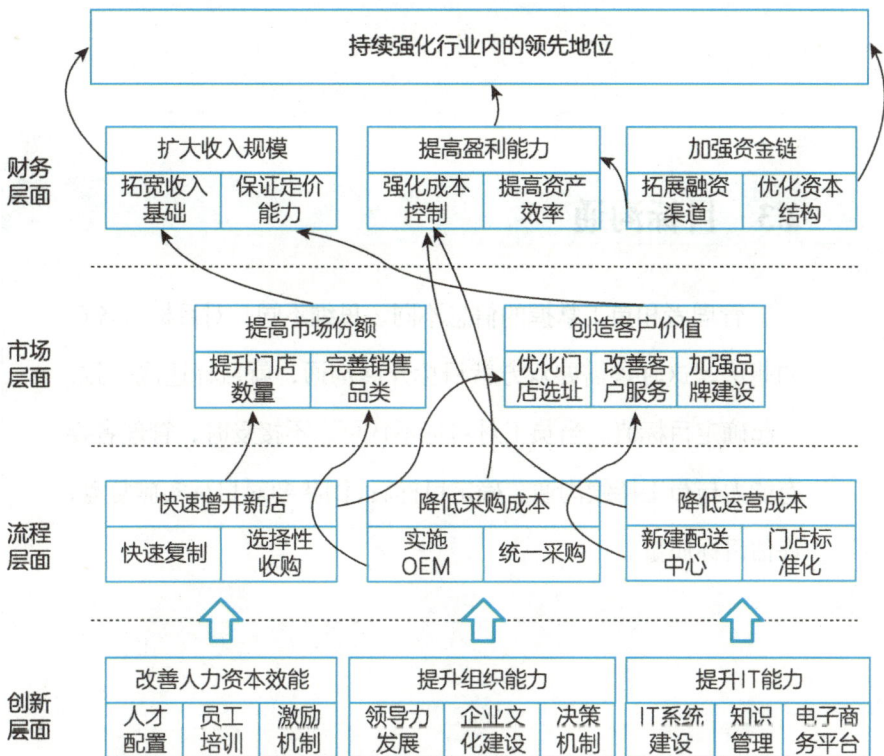

持续强化行业内的领先地位					

财务层面

扩大收入规模		提高盈利能力		加强资金链	
拓宽收入基础	保证定价能力	强化成本控制	提高资产效率	拓展融资渠道	优化资本结构

市场层面

提高市场份额		创造客户价值		
提升门店数量	完善销售品类	优化门店选址	改善客户服务	加强品牌建设

流程层面

快速增开新店		降低采购成本		降低运营成本	
快速复制	选择性收购	实施OEM	统一采购	新建配送中心	门店标准化

创新层面

改善人力资本效能			提升组织能力			提升IT能力		
人才配置	员工培训	激励机制	领导力发展	企业文化建设	决策机制	IT系统建设	知识管理	电子商务平台

小贴士

战略地图目标分解法并不需要严格按照平衡计分卡的财务、客户、内部经营过程和学习成长4个层面来划分层级,可以根据组织的行业特性和实际需要,选择不同层面进行划分。但不论按照哪种方式来划分层级,都应当包含平衡计分卡4维度的含义,且每个层级间要有因果关系。

2.3　目标沟通

　　管理者和员工掌握的信息不同、思维不同，对目标有各自的想法，这时候需要双方就目标开展沟通，就目标达成一致，一起确定目标值。当员工对目标不认可、不接受时，管理者要有能力与员工持续沟通。确定目标后，团队要对目标实施复盘，评估目标质量。

2.3.1 如何确定岗位的目标值

问题场景

1 知道目标分解方法后，看来我要好好给团队设计目标了！

2 如果只是一味自上而下设计目标，显得过于强势，员工可能会不接受。

3 这么一说好像确实有这种情况，员工心不甘情不愿的，怎么办呢？

4 可以配合自下而上的方法，再配合一些其他目标分解方法。

5 自下而上？也就是让员工自己给自己设定目标吗？

6 是的，员工有自己的想法，管理者也有自己的想法，通过沟通协商一致，员工更容易接受。

问题拆解

确定岗位目标不是只有自上而下这一种方法，管理者也要关注员工的想法。关注员工的想法不代表完全认同员工制定的目标值。管理者和员工应就岗位目标值实施沟通，彼此交换看法，最终达成一致意见。

方法与工具

工具介绍

确定岗位目标值的4种方法

岗位目标值决定了员工达成目标的难易程度，同时也决定了当岗位目标达成时，组织整体目标或战略的实现程度。因此对岗位目标的制定，既要考虑顶层设计，又要考虑员工实际能力。确定岗位目标值的常见方法有4种，分别是自上而下法、自下而上法、趋势外推法和标杆基准法。

确定岗位目标值的4种方法

根据战略目标和经营计划，对期望业绩层层分解，先分解到部门，再分解到岗位，然后把目标值和员工做强关联。

根据历史数据趋势得出目标值，例如前三年团队业绩增长率分别是5.6%、5.8%和5.9%，下年业绩增长目标可考虑设为6%左右。

自上而下法

趋势外推法

标杆基准法

自下而上法

员工根据战略方向和自身工作开展情况，自行设置目标值，上报给直属上级，再层层上报相关管理层审批生效。

以团队之外、行业内的标杆数据为参照基准，根据标杆团队的做法或数据设置自身的目标值。

应用解析

确定岗位目标值的 4 种方法的优缺点分析

优点 | **缺点**

自上而下法

优点：
1. 目标比较科学
2. 符合团队需要
3. 更易实现战略

缺点：
1. 操作难度较大
2. 员工可能抵触
3. 需要大量沟通

自下而上法

优点：
1. 员工认可度高
2. 比较容易实施
3. 沟通难度较小

缺点：
1. 目标水平较低
2. 难以支撑战略
3. 偏重事务工作

趋势外推法

优点：
1. 符合团队实际
2. 应用成本较低
3. 易于员工接受

缺点：
1. 偏向平稳发展
2. 不利快速扩张
3. 数据可能错误

标杆基准法

优点：
1. 适合追赶标杆
2. 符合市场状况
3. 具有一定挑战

缺点：
1. 可能标准过高
2. 员工难有信心
3. 需要大量沟通

小贴士

管理者不能抱着一言堂的心态沟通，要向员工说明原因，说明顶层目标和岗位目标之间的关系，最好和员工一起分解顶层目标，过程中鼓励员工充分提出意见。这样既满足了自上而下，又满足了自下而上，同时保证管理者和员工就目标沟通时充分交换信息。

2.3.2　如何与员工就目标沟通

🔒 **问题场景**

1 我发现团队里没有一个人能达到我的要求。

2 具体表现在哪里呢？

3 我要求100分，心里觉得能达到80分就行，实际上大家还不到60分。

4 会不会是你要求太高了？

5 要求高一点有什么问题？还不是为了促进团队进步……

6 帮助团队进步没问题，但过高的要求可能反而会吓退员工。确定目标时要和员工充分沟通。

问题拆解

　　管理者可以制定比较高的目标，但过程中要和员工沟通。沟通在目标确定过程中非常重要，管理者如果只是一味要求员工，不清楚员工的情况，不考虑员工的能力，不在乎员工的感受，制定出来的目标一定会出问题。

方法与工具

工具介绍

目标沟通的 4 个关键词

　　沟通是目标设计中的关键，良性沟通能够把信息充分表达出来，不良的沟通不仅表达信息不全面，而且会造成管理者和员工之间的误解，产生隔阂，很难就目标达成一致。要实施有效的目标沟通，管理者要注意 4 个关键，分别是双向、平等、高效和多样。

目标沟通的 4 个关键词

上下级虽然在职级上存在差异，但目标沟通中不应过分强调等级差异。平等交流时沟通效果最好。

为缓和气氛，可以聊些与工作无关的话题，但时间不宜过长，尽快回到主题，不能漫无边际地拉家常。

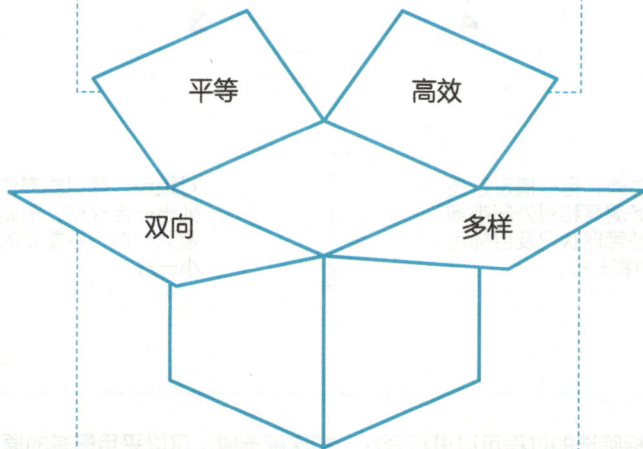

平等　　高效

双向　　多样

沟通要双向交流，上级应考虑下级的感受。不能只是单方面的信息输出，这样无法实现信息交流互通。

对不同性格、不同岗位、不同能力、不同态度的员工，目标沟通的策略是不同的，不能一概而论。

应用解析

确定目标的 4 个步骤

首先应确定团队的战略目标和经营计划，确定关键流程。在这一步，目标可根据初步判断较多地列出。

初步列出的目标中，往往存在不具备有效性、操作性或可行性的目标，要根据设定目标的原则进行筛选。

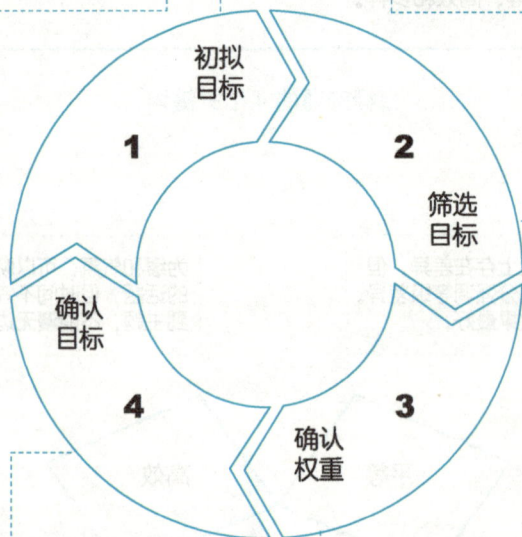

初拟目标
1

筛选目标
2

确认目标
4

确认权重
3

除了沟通之外，目标值设定还来源于财务测算和对外部市场状况、内部管理状况及目标可行性的探讨和分析。

对组织、部门或岗位的目标应列出一定权重，重要的目标权重大一些，不重要的目标权重小一些。

小贴士

目标筛选的过程可以进行两次，初次筛选时，可以采用删减的原则，剔除掉不可控、不可测量、对战略影响小、含义重复等无效目标。二次筛选时，可以采用挑选的原则，挑选战略影响较大、和业绩关联性强、可控性强、易于测量的目标。

2.3.3　员工设定目标考虑什么

问题场景

1　员工自己设定的目标总是和团队要求差异较大，有时更是漫无边际。

2　这也不能全怪员工，毕竟员工和管理者获得的信息是不同的。

3　你的意思是管理者要给员工提供足够的信息，员工才能确定团队需要的目标？

4　当然，员工设定目标偏离方向，很多时候都源于管理者和员工信息不对称，所以才需要沟通嘛。

5　怎么让员工能站在管理者的角度更全面系统地设定目标呢？

6　可以设定框架，让员工在框架中设定目标。

问题拆解

　　自下而上设定目标的方法并不代表管理者对员工放任不管，完全让员工根据自己的理解来设定目标。在员工设定目标的过程中，管理者要给员工提供充分的信息，让员工对宏观情况有充分了解，这就免不了要有沟通。为让员工设定目标不偏离方向，管理者可以给员工设定框架。

方法与工具

工具介绍

自下而上设定目标的框架流程

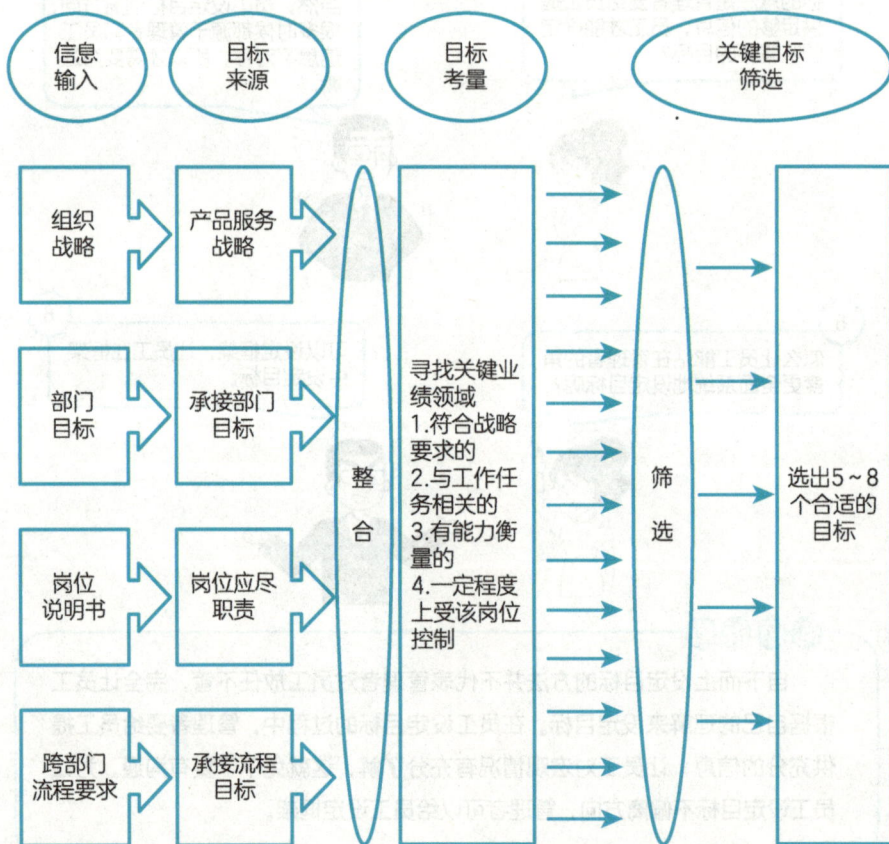

员工自下而上设定目标之前，要保证有足够的信息输入。输入的内容至少包括组织战略、部门目标、岗位说明书和跨部门的流程需求。信息输入是员工目标的来源，经过对输入信息的整合加工，寻找关键业绩领域，形成初步的目标，再经过筛选，选出 5 ~ 8 个合适的目标。

自下而上设定目标的框架流程

信息输入	目标来源		目标考量		关键目标筛选
组织战略	产品服务战略	整合	寻找关键业绩领域 1.符合战略要求的 2.与工作任务相关的 3.有能力衡量的 4.一定程度上受该岗位控制	筛选	选出5~8个合适的目标
部门目标	承接部门目标				
岗位说明书	岗位应尽职责				
跨部门流程要求	承接流程目标				

应用解析

管理者和员工沟通确定目标的过程

根据团队战略或策略要求，员工岗位应达成的目标。这是岗位的责任（职责），是宏观情境对微观岗位的客观要求，但这种要求不一定能被员工所认知。

岗位员工根据个人对情境的理解和判断，主观认为想要达成的目标。这是员工对本岗位目标的定义，是员工的主观意愿。

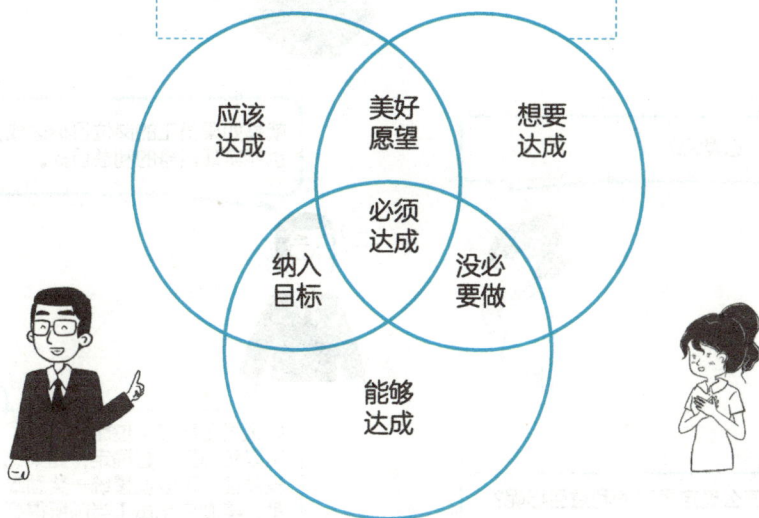

应该
达成

美好
愿望

想要
达成

必须
达成

纳入
目标

没必
要做

能够
达成

受员工能力和能调动资源的限制，实际可达成的目标。这是员工在制定目标并根据目标展开行动后，实际完成的目标。能达成什么不仅反映了员工的个人能力，也反映了员工周围环境是否有利于员工达成目标。

小贴士

经管理者和员工沟通后，对于既应该达成，又想要达成，还能够达成的目标，应当立即设定为岗位目标。如果环境不发生重大变化，这类目标必须达成。对于既应该达成，又能够达成，但不想达成的目标，是岗位员工对目标的忽略，应当纳入岗位设计目标的范围。

2.3.4 员工不接受目标怎么办

问题场景

1 如果目标值设置过高，员工不接受，怎么办？

2 除了沟通技巧外，还可以把员工的利益目标和岗位目标做强绑定。

3 什么意思？

4 就是如果员工的岗位目标达成，也能实现自身的利益目标。

5 怎么确定员工的利益目标呢？

6 如果员工所在岗位比较个性，可以和员工一起确定；如果比较共性，可以设置统一奖励政策，奖励应比员工当前所得高。

问题拆解

　　员工具备达成目标的意愿是目标达成的前提。俗话说，"重赏之下必有勇夫"，当目标值过高，员工不接受时，可以提高员工达成目标后的奖励。当奖励足够大时，员工达成目标的意愿将会提高。当然，沟通在整个过程中将持续发挥作用。

方法与工具

工具介绍

员工不接受目标的应对方法

在充分沟通的前提下,员工不接受目标通常有3种可能,一是可能目标值客观上确实较高,员工不知道如何达成;二是可能员工认为达成目标比较麻烦,不愿付出努力;三是可能目标值客观上不高,但员工能力不足,无法达成。面对这3种可能性,可以采取4种应对方法:设置高奖励、寻找机会点、萃取好方法、提供强支持。

员工认为目标值较高时的4种应对方法

员工认为目标较难完成,可能是因为不知道从哪里入手,此时管理者可以和员工一起寻找机会点,即寻找可能性,寻找应当采取的行动。

如果员工完成目标后可能获得比较高的收益,该收益已远超员工平时工作能获得的利益,员工完成目标的概率就会变大。奖励越大,员工完成目标的动力就会越大。

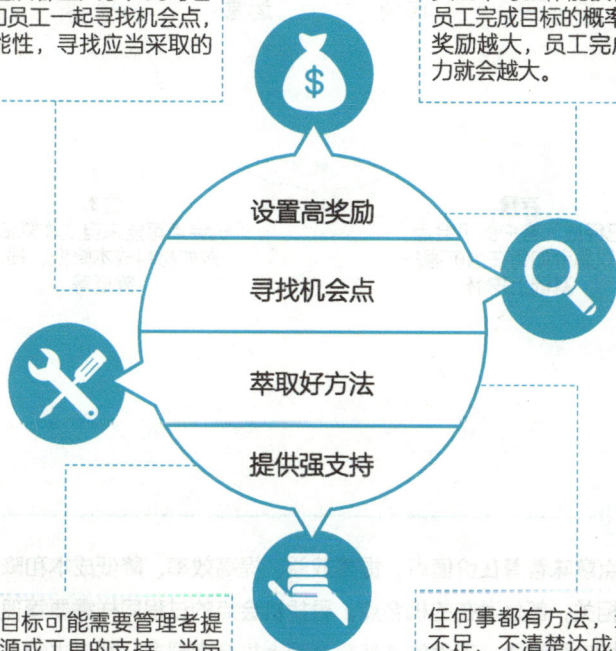

- 设置高奖励
- 寻找机会点
- 萃取好方法
- 提供强支持

员工达成目标可能需要管理者提供某些资源或工具的支持。当员工需要支持时,管理者应义无反顾地为员工提供这类支持。

任何事都有方法,当员工能力不足、不清楚达成目标的方法时,管理者可以萃取完成这件事的最佳实践,让员工学习。

应用解析

管理者可以和员工寻找机会点的 4 个维度

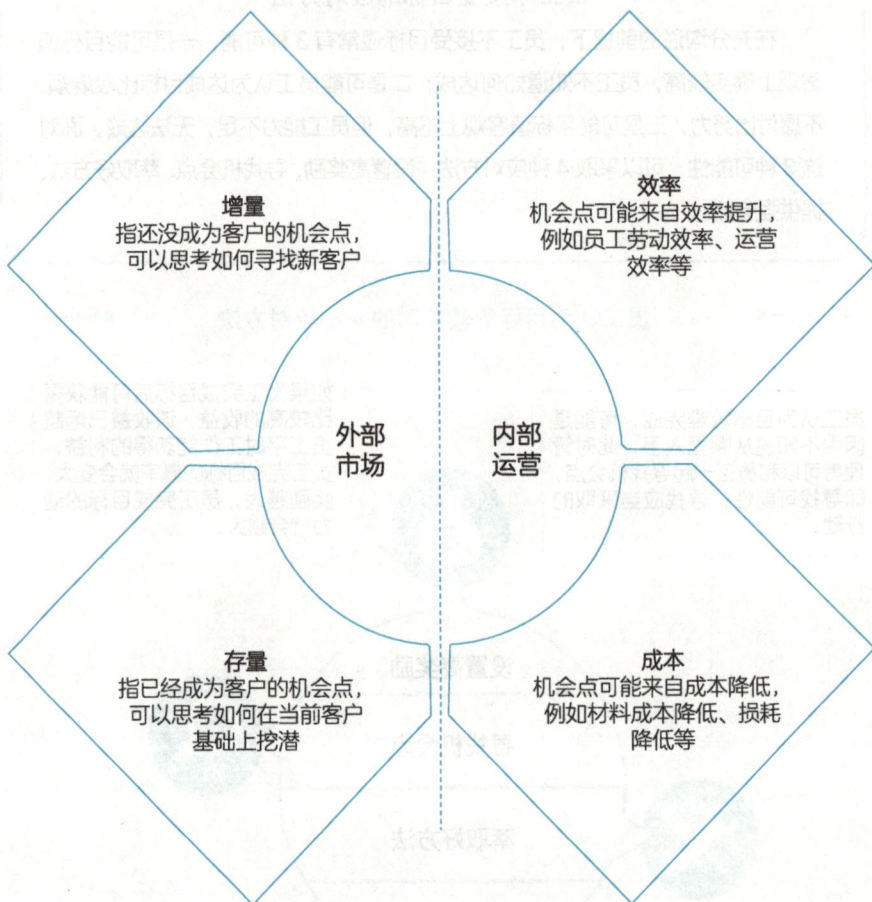

增量
指还没成为客户的机会点，可以思考如何寻找新客户

效率
机会点可能来自效率提升，例如员工劳动效率、运营效率等

外部市场

内部运营

存量
指已经成为客户的机会点，可以思考如何在当前客户基础上挖潜

成本
机会点可能来自成本降低，例如材料成本降低、损耗降低等

小贴士

　　机会点意味着潜在价值点，提高效益、提高效率、降低成本和降低风险都与价值相关，都是潜在的机会点。寻找机会点的过程同样需要管理者和员工之间保持良性沟通，不然的话就算客观上机会点很多，员工主观上也难以接受。

2.3.5 如何检验目标设计质量

问题场景

① 之前的疑惑终于解开了，现在我已经知道该怎么设定目标了。

② 设定目标后，别忘了做最后的质量检验。

③ 质量检验? 什么意思?

④ 就是检查目标和目标值设置的质量如何。

⑤ 怎么检查呢?

⑥ 先根据需要选择几个维度，设置出一个检查框架，再实施检查。

问题拆解

初步确定岗位目标后，不要急着实施。在正式实施目标前，管理者可以和员工一起检验目标设置的质量。如果目标质量较高，则可以按此目标开展工作，如果目标质量较低，则应重新调整目标。

方法与工具

工具介绍

岗位目标质量检验的 8 个维度

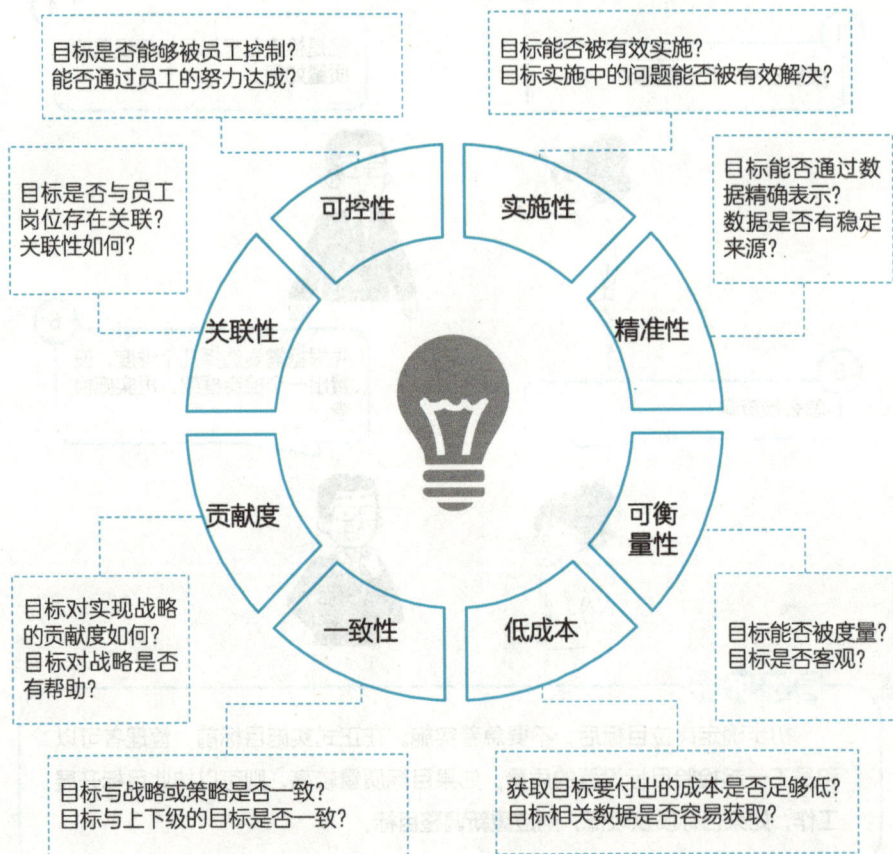

检验岗位目标质量就是检验目标的有效性，主要查看岗位目标（微观目标）对组织目标（宏观目标）的支持情况，有效性越高，代表目标质量越高。检验岗位目标质量，可以从 8 个维度进行评估，即关联性、可控性、实施性、精准性、可衡量性、低成本、一致性和贡献度。

岗位目标质量检验的 8 个维度

目标是否能够被员工控制？能否通过员工的努力达成？

目标能否被有效实施？目标实施中的问题能否被有效解决？

目标是否与员工岗位存在关联？关联性如何？

目标能否通过数据精确表示？数据是否有稳定来源？

可控性　实施性

关联性　精准性

贡献度　可衡量性

一致性　低成本

目标对实现战略的贡献度如何？目标对战略是否有帮助？

目标能否被度量？目标是否客观？

目标与战略或策略是否一致？目标与上下级的目标是否一致？

获取目标要付出的成本是否足够低？目标相关数据是否容易获取？

应用解析

岗位目标质量检验的 8 个维度应用案例

某公司的销售业务员岗位在设置绩效指标时，初步列出了销售额、毛利率、利润额和顾客满意度4项指标，对这4项指标的质量判断结果如下。

绩效指标	1 关联性	2 可控性	3 实施性	4 精准性	5 可衡量性	6 低成本	7 一致性	8 贡献度
销售额	高	高	高	高	高	高	高	高
毛利率	中	中	高	高	高	高	高	高
利润额	低	低	高	高	高	高	高	高
顾客满意度	中	中	低	低	中	低	高	高

销售额
高质量目标

毛利率
较高质量目标

利润额
中等质量目标

顾客满意度
较低质量目标

小贴士

检验目标质量时，并非必须将 8 个维度全部用上。管理者可以根据团队实际情况，从 8 个维度中选择部分维度作为目标质量评价依据。选择的维度越多，需考虑的因素越多，复杂程度越高，管理成本越高。

2.4 目标激励

目标对员工有激励性，才能让员工心甘情愿地去达成目标。如果是否达成目标与员工关系不大，员工不会重视目标，也不会有达成目标的积极性和主观能动性。让目标有激励效果最好的方式是绑定目标和员工利益，在团队和员工间建立利益共同体关系。

2.4.1 如何绑定目标利益

问题场景

1 绑定目标利益，就是在员工达成目标后给员工奖励是吧？

2 简单来说是这样，不过这种奖励要有吸引力，"平铺直叙"式的奖励效果往往不好。

3 怎么体现吸引力呢？

4 可以把目标值设置得适当高一点，奖励也可以适当高一点。

5 这样员工不会因为目标值太高而被劝退吗？

6 为促进员工达成目标，可以在目标和员工所得之间设置梯度。

问题拆解

《孙子兵法》说：求其上，得其中，求其中，得其下，求其下，必败。目标值的设置可以适当高一些，当员工追求高目标时，最后就算没达到预期，达成的目标也不会太低。要设置高目标，员工的奖励也应当在此基础上予以提高。越难达成的目标，奖励也应越高。

方法与工具

工具介绍

将目标与员工利益关联绑定

当员工利益与整个团队目标一致时，员工和团队更容易产生比较强的凝聚力。员工创造力的激发很大程度上来源于员工的主动性，目标关联能激发主动性。与员工利益有关联的目标能够让员工有更高的积极性，员工会更主动采取行动。

实现目标关联的 3 个关键

员工的情况影响着员工诉求，要让目标和员工形成强关联，管理者一定要先了解员工的诉求。

虽然有的目标具有一定的强制性，但也应当在与员工充分沟通和讨论的情况下，让员工接受。

了解员工的诉求

和员工讨论目标

听取员工的意见

员工往往能提供管理者想不到的角度，让员工表达意见利于员工接受目标，也利于建立双方关联。

应用解析

等比例目标激励转换成可变比例激励

等比例奖金指的是奖金额与业绩增长呈二元线性关系的奖金形式。业绩每增加X个单位，奖金增加AX。

可变比例奖金指的是奖金额与业绩增长呈阶梯型或指数型增长关系的奖金形式。当业绩落在某个范围内时，奖金比例为A，奖金额为基数×A；当业绩达到另一个水平时，奖金比例为A+B，奖金额为基数×（A+B）。

某汽车销售公司为了鼓励业务员销售，制定阶梯式的提成奖金政策如下表所示。

每月汽车销售数量（台）	每台车的销售提成（元）
X<10	100
10≤X<20	200
20≤X<30	300
30≤X<40	400
40≤X<50	500
50≤X	600

该公司销售人员张三今年连续5个月的汽车销售量和提成奖金额如下表所示。

月份	1月份	2月份	3月份	4月份	5月份
汽车成交量（台）	35	8	22	28	41
月提成额（元）	14 000	800	6 600	8 400	20 500

小贴士

员工目标一般适合设置成"跳跳脚"后够得着。假如管理者希望团队达到的目标是100，设定目标时可以比心理预期高5%～10%，把目标设置成105～110。各层级都可以用这个原理来设置目标。这个小技巧常常能在目标管理中发挥奇效。

2.4.2 如何设计目标激励

问题场景

1 我认为在目标激励中，员工的物质激励是最重要的。

2 确实，毕竟多数员工更关注个人物质利益方面的得失。

3 是不是只有设计高奖励，员工才会重视目标？

4 不一定，与其说高奖励有用，不如说利益和目标的相关性更有用。相关性越强，激励效果越好。

5 如何设计这种相关性呢？

6 可以把员工的职责目标、短期目标和长期目标与员工的利益相关联。

问题拆解

　　团队和员工之间构建利益共同体并不是一味奖励员工。员工岗位本身对应着职责目标，这是员工本身就应当做好的，做不好就是失职。在职责之上，岗位的短期贡献对应着短期目标，长期贡献对应着长期目标。

方法与工具

工具介绍

物质激励类型与目标的关系

员工的物质激励通常可以分成3部分：

A部分是保证员工家庭和个人基本生活的收入，一般以月度为单位。

B部分是与相对短期的经营业绩和目标成果相关的物质奖励，一般以月度、季度或年度为单位。

C部分是把团队长远发展和员工个人绑定在一起的物质激励，一般以3～5年为单位。

A部分是实现职责目标的激励，B部分是实现短期目标的激励，C部分是实现长期目标的激励。

物质激励类型与目标的关系

	含义	包含内容	对应目标激励周期
A	相对固定收入	固定工资 固定津贴 固定福利	职责目标
B	短期物质激励	月度奖金 季度奖金 年终奖金 特殊津贴 特殊福利	短期目标
C	长期物质激励	股票激励 合伙人制度 长期现金计划 长期福利计划	长期目标

应用解析

不同层级收入结构设置

	关注目标	收入占比		
高层管理者	关注长期目标	A	B	C
		20%~40%	20%~40%	20%~40%
中层管理者	关注中期目标	A	B	C
		30%~50%	20%~40%	10%~30%
基层管理者	关注短期目标	A	B	C
		40%~60%	30%~40%	0~20%

小贴士

　　管理层级越高、决策对团队发展影响越大的人，C部分占比应越高；管理层级越低、决策对团队发展影响越小的人，A部分占比应越高。很多团队为了长远发展，也为了留住人才，在各层级都减少A部分占比，增加B部分或C部分占比。

2.4.3　如何进行即时激励

问题场景

1　看来我需要在每个目标周期结尾时给达成目标的员工兑现奖励。

2　与其等到目标周期结束再奖励，不如给员工即时激励。

3　即时激励？可我们团队又不是按天发工资，最快也要每月发工资兑现啊。

4　提供即时激励不一定要通过物质激励的方式，也可以通过精神激励啊。

5　精神激励？有用吗？

6　当然有用，对员工予以即时表扬和肯定也是非常有效的激励方式。当然，如果员工没做好也应即时批评。

问题拆解

　　即时激励比延期激励的效果更强。即时激励指的不仅是物质激励，还包括精神激励。即时激励分为即时的正激励和负激励。管理者应多用正激励，少用负激励。很多时候，管理者恰到好处的一句鼓励，能够让员工受到很大激励。

方法与工具

工具介绍

即时激励

即时激励指的是当员工达到某种奖励或惩罚条件时，管理者即时对员工给予正激励或负激励，不要延期，更不能不激励。

即时激励能在短时间内给员工较强的思想冲击，产生较强的激励感。即时激励不仅对员工本人有效果，对别的知道即时激励过程的员工来说，也有较强的激励性。

影响管理者做出即时激励的 3 大因素

有的管理者没真正理解即时激励的用处，认为员工激励早点晚点不要紧，觉得对待员工不需要那么上心。如果管理者不重视，很难起到激励效果，很难让激励真正影响员工的行为。

有的管理者知道即时激励重要，但不会运用。例如对员工即时奖励不公开，私下奖励员工；有的管理者对即时这个概念有误解，觉得即时就是近期，而不是立即、马上。

不想用

不会用

不能用

有的管理者重视即时激励，也知道如何运用即时激励，但是却没有即时激励员工的权限，例如给员工发奖金必须总经理亲自签批，走完整个审批流程至少要3天，这将错过即时激励的最佳时期。

应用解析

3 种常见即时正激励的场景

1.员工拿下大客户订单，管理者立即带领整个团队鼓掌庆祝。

> 我拿到了凯迪公司的订单！

2.员工业绩有较大突破时，管理者立即召开临时会议当众发放奖金。

> 大家的业绩非常棒，这是奖励大家的！

3.员工完成重要项目时，立即在晨会上公开表扬。

> 小王，你带领团队完成这项任务，奖励你"优秀员工"称号！

小贴士

　　即时激励能够增加员工对团队规则的尊重，形成良好的工作氛围，增加员工的确定性。这种确定性能让员工清晰地知道，当做出某种成绩、产生某种行为或达到某个结果时，能够获得某种确定的激励。

03

制订计划

💎 本章背景

1
目标设定好以后，离完成目标就近了一大步了。

2
有了目标之后，还要有计划。

3
目标都有了，计划还有那么重要吗？

4
计划很重要，可以明确任务和行动，知道具体该做什么。

5
有道理，那就根据目标制订计划呗？

6
制订计划前，要考虑现状，先做总结，再根据目标制订计划。

背景介绍

确定目标后，管理者要和员工针对目标制订计划。制订计划对整个目标管理实施起着非常重要的作用。制订计划的质量决定了工作是否可以围绕目标进行。如果计划出了问题，后续围绕目标的执行监督、反馈辅导和目标评价等工作都会受到影响，可能导致目标管理以失败告终。

3.1 总结状况

　　制订计划前，要先做总结。总结是对过去和现状的总结，计划是对未来的计划，不了解过去和现状，就算明确了目标，计划也可能不切实际。通过总结，将过去和现状整理清楚，有助于更好地根据目标编制计划。

3.1.1 如何客观总结事实

问题场景

1 做总结挺简单的，我们平时也经常有总结会。

2 你们平时怎么做总结的呢？

3 我常说："我们付出了很大努力，大家非常辛苦，虽然遇到不少困难，但都勇敢克服，最后取得了良好成绩。不过也有不足，要改变，相信未来一定会更好……"

4 这个……不叫总结，通篇都是模糊的形容词，是无效的。

5 我也觉得这么做总结不好，但很多团队都这么做啊。这个责任在我，是我带的头不好，那应该怎么做总结呢？

6 做总结的第一步，要学会总结事实。

问题拆解

　　有效的总结不是写散文，不需要声泪俱下，不能用模糊的词语来做总结。总结需要聚焦事实。与事实相对的是观点，例如"这工作很难""这事很容易""这项目很长""这工作量很大""这内容很多""这时间很久""这人很好"……这些都是在讲观点，而不是事实。

方法与工具

工具介绍

总结的 3 个步骤

正确的总结套路可以分成 3 部分：

第 1 部分是总结事实，要用数据，说明当前事实情况。

第 2 部分是进行分析，通过数据分析，查找当前问题。

第 3 部分是得出结论，根据整个分析过程，得出结论。

总结的 3 个步骤

什么叫事实？很多人不清楚。
比较容易和事实搞混的是观点。
观点≠事实。
例如，今天的天气很冷，是观点；
今天15℃，是事实。

总结事实

进行分析

得出结论

应用解析

总结时如何发现真问题

总结的重要目的是发现问题、分析问题和解决问题。然而，什么是问题，什么是烦恼，很多人分不清楚。烦恼≠问题。

烦恼

问题

主要聚焦主观情绪

主要针对组织层面

改善对个体价值较大

VS

改善对组织价值较大

和岗位绑定

与流程相关

不会真正解决

可以被解决

例如，客服岗位每天接待顾客投诉，有的顾客素质较差或态度不好，造成客服岗位的员工心情不好，这是烦恼。客服岗位在投诉过程中发现的产品的共性问题，反映给生产、技术、销售等部门，从而提升服务质量，这是真问题。

小贴士

职场中常会存在3类人：第1类人抱怨烦恼的同时，并不解决问题，这类人不会为组织创造任何价值；第2类人抱怨烦恼，尝试解决烦恼，但不解决问题，同样没有为组织创造价值；第3类人能跳过烦恼，发现真正的问题，这类人能为组织真正创造价值。

3.1.2　如何分析当前问题

问题场景

1　说来惭愧，之前总把事实和观点搞混，找不到真问题，现在我知道该怎么总结了！

2　别着急，弄清楚事实和观点，找到真问题，只是总结的第一步，接下来还要对问题做分析。

3　怎么分析呢？

4　可以运用鱼骨图法，把现状做拆解。

5　我之前听过鱼骨图法，但从来没实际运用过，觉得这只是理论。

6　工具和方法论就是用来指导实践的，如果不拿来用，只停留在纸面上，那学习还有什么意义呢？

问题拆解

　　过去和现状中一定存在各式各样的问题，这些问题如果不解决，可能会阻碍目标达成。对过去和现状进行总结后，要针对问题进行分析，从而解决问题。分析问题时，可以运用鱼骨图法。

方法与工具

工具介绍

鱼骨图法

发现问题后，可以用鱼骨图法分析问题和原因间的因果关系。运用鱼骨图法分析问题，有助于各方对问题达成共识，揭示问题的潜在原因，明确问题的根本原因。

应用鱼骨图法时，可以采用头脑风暴法，把参与者的意见和想法全部收集起来，并通过鱼骨图将其展示出来。不过一个人也可以应用鱼骨图法的原理来分析问题。

运用鱼骨图法的4个步骤

首先要明确待解决的问题。生产制造类问题通常可分成人员、机械设备、材料、方法、环境、测量6类因素；管理服务类问题通常可分成政策、人员、程序、地点4类因素。

对得出的鱼骨图进行进一步检查整理，对比较含糊的内容予以补充，对存在重复的内容进行合并。

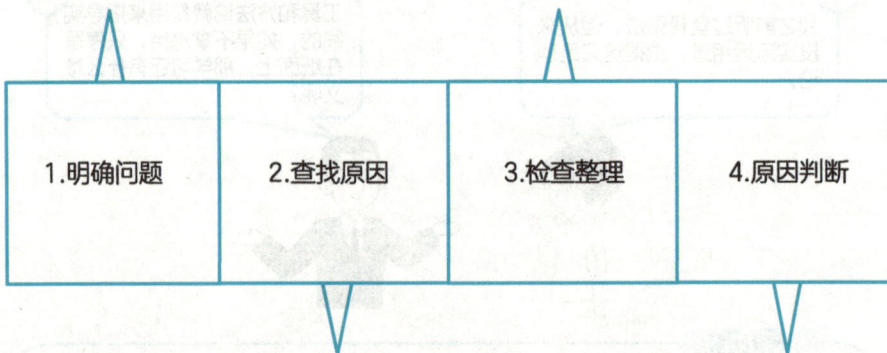

1.明确问题	2.查找原因	3.检查整理	4.原因判断

用头脑风暴法，把所有产生该问题可能的原因按不同因素分类填入各分支。根据需要，也可以在分支中继续细分，也就是可以进一步探讨和分析更深层面的原因。

进一步开展小组讨论，对原因做充分比较和探讨，对引起问题可能性最高的几个原因做进一步的数据收集和整理，作为下一步问题分析和改进的重点内容。

应用解析

鱼骨图法应用

某生产制造公司近期连续接到3起某产品因质量问题引起的顾客投诉。经调查，发现核心问题是该产品质量不稳定。针对此问题，该公司以鱼骨图法为工具，针对产品质量不稳定问题进行了梳理。

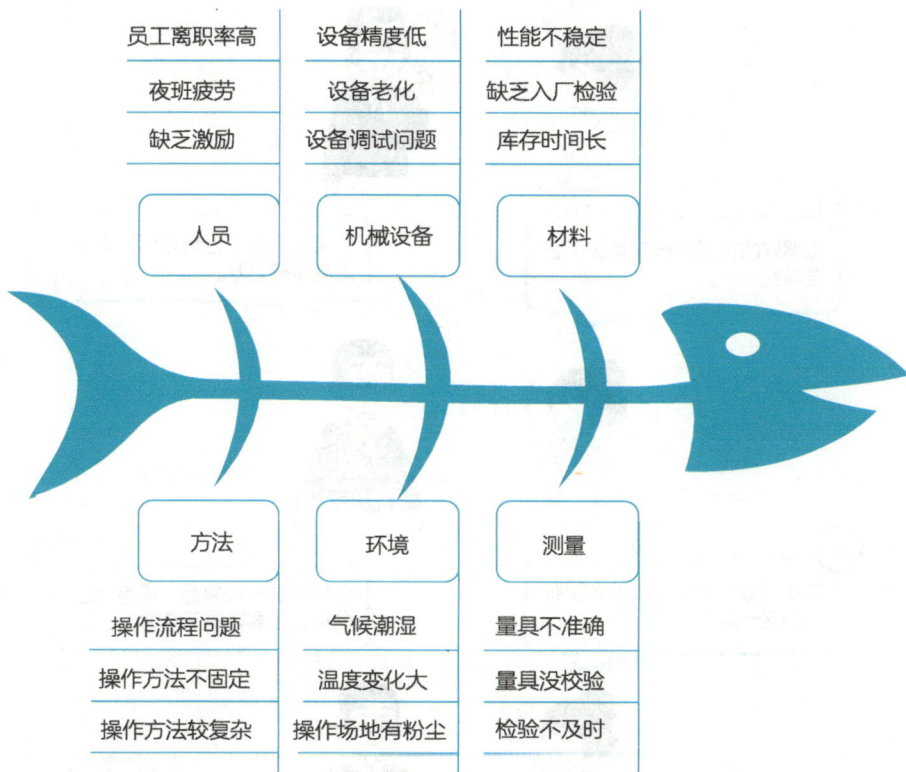

员工离职率高	设备精度低	性能不稳定
夜班疲劳	设备老化	缺乏入厂检验
缺乏激励	设备调试问题	库存时间长
人员	**机械设备**	**材料**

方法	**环境**	**测量**
操作流程问题	气候潮湿	量具不准确
操作方法不固定	温度变化大	量具没校验
操作方法较复杂	操作场地有粉尘	检验不及时

小贴士

　　用鱼骨图法分析问题的过程是先发散，再聚拢。也就是说，当用鱼骨图法分析问题时，能够发现很多造成问题的可能原因，但究竟是哪种或哪些原因引发的问题，还需要进一步讨论或验证。

　　鱼骨图法不仅可以用在做总结上，在针对问题进行目标分解时，也可以用这个工具。

3.1.3 如何有效得出结论

问题场景

1 分析主要是针对那些有问题的环节吧？没有问题就不用分析了。

2 并不是，那些做得不好的要分析，那些做得好的也要分析。

NO!

3 做得好的也要分析？有这个必要吗？

4 非常有必要，分析之后，说不定能做得更好。

5 做得更好？对呀！我怎么没有想到这一层？

6 分析也是一种复盘，没有经过分析，不要轻易下结论。

问题拆解

　　分析的目的不仅是为了解决问题，还是为了做得更好。不论是当前已经做得好的，还是没有做好的，都应当分析。有问题时要分析，没有问题时也要分析。团队通过分析，可以让好的更好，让不好的变好。

方法与工具

工具介绍

得出结论的逻辑

当工作没有达到预期，要分析为什么没有做好。此时可以参考成功案例，发现谁做得比较好，研究其做得好的原因，有没有可以总结的工具或方法论，然后制订计划，采取行动，更好地达到预期。

达到预期后，也要分析为什么能达到预期，是不是工具或方法论起作用了；是否存在改进的空间。改进总是有成本的，也要分析是否有改进的必要。

得出结论的逻辑图

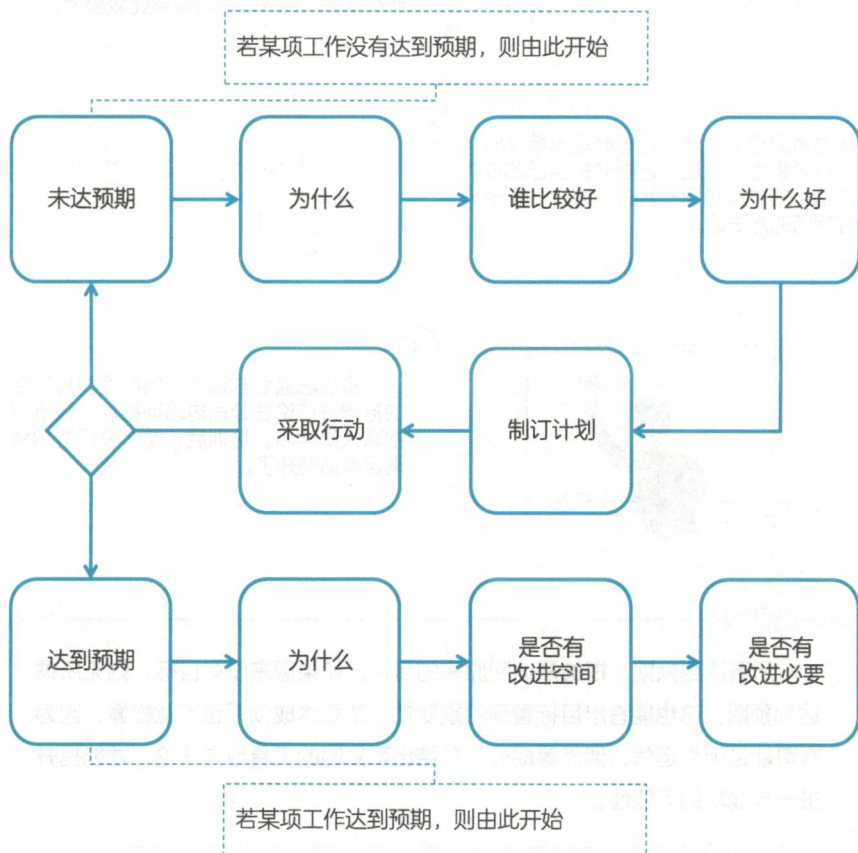

若某项工作没有达到预期，则由此开始

未达预期 → 为什么 → 谁比较好 → 为什么好

采取行动 ← 制订计划

达到预期 → 为什么 → 是否有改进空间 → 是否有改进必要

若某项工作达到预期，则由此开始

应用解析

某人才招聘问题解决案例

① 某公司在新区域招聘效果差，该区域当前的几名招聘人员相互埋怨，东拉西扯，扯来扯去问题一直没解决。

② 另一个新区域有个招聘经理，在招聘前梳理人才画像，采取了一系列措施，在自己所在新区域的人才招聘成果比较显著。

③ 人力资源总监让这名招聘经理总结经验，不仅分析错误做法，还要分析自己的成功方法，形成报告后一起讨论修改，形成人才招聘的方法论。

④ 人力资源总监要求这名招聘经理将讨论后的招聘方法论在公司内培训推广，让所有招聘人员学习。培训后，整个公司的招聘满足率都提升了。

小贴士

所谓达到预期，指的是达到原来的目标。如果原来没有目标，则无所谓达到预期，这也能看出目标管理的重要性。就算达成预期也不能松懈，因为有可能是因为运气、偶然等成分，总结出可复制的工具或方法论，才能提升进一步成功的可能性。

3.1.4 如何编写总结内容

问题场景

1 终于知道怎么做总结了，把事实、分析和结论做好就行了。

2 事实、分析和结论是员工做总结的过程，总结输出的内容应该比这个更多。

3 更多？指的是什么呢？

4 比如要包含之前每项任务的完成情况和取得的价值。

5 原来如此，这样可以锻炼员工围绕价值做总结的能力。

6 是的，还可以加上员工对每项任务完成情况的复盘和收获。

问题拆解

应用总结的 3 个步骤得出结论后，不代表总结就结束了。总结的 3 个步骤是对前一时期工作任务对应成果或目标达成情况的分析。在呈现总结内容时，还应包括对之前工作价值的总结、对工作的复盘和收获等内容。

方法与工具

工具介绍

总结的内容呈现

　　呈现总结时，可以先总结前一期的任务完成情况，总结每项任务对应目标的达成情况，以及每项目标对应价值的实现情况。总结中应当对每项工作任务做复盘，寻求改善和提升的空间。总结的最后，应当总结一段时间的工作收获。

总结内容呈现表

任务或行为创造了哪些价值？
在提高效益或效率方面如何？
在降低成本或风险方面如何？

个人知识方面有何成长？
个人能力方面有何成长？
个人经验方面有何成长？

上期完成具体任务结果如何？
任务完成的数量或质量如何？
任务有没有与预期发生变化？

序号	任务	目标	价值	复盘	收获
1					
2					
3					

任务达成的具体目标如何？
任务指向的团队目标如何？
对团队目标支持情况如何？

工作可以在哪方面改进？
哪方面变化后会有改善？
增加或减少哪方面工作？

应用解析

编写总结的 4 点注意事项

总结的重点不仅在于分析和得出结论，个人在总结过程中的收获也非常重要。

总结主要不是写给别人看的，是给自己的，所以总结可以围绕个人成长。

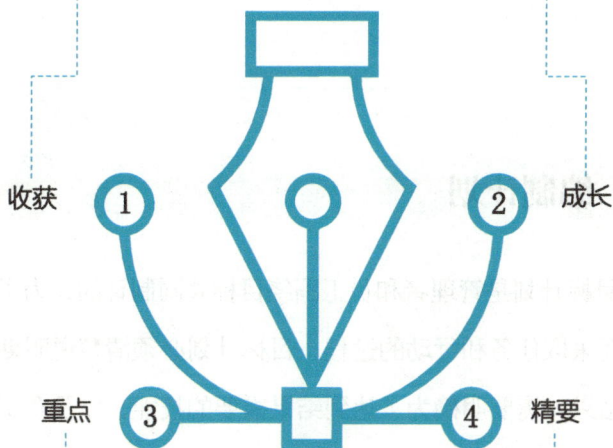

收获 ① ② 成长

重点 ③ ④ 精要

总结要有所侧重，不是所有工作任务都值得总结，应总结影响较大的任务。

表述总结内容时，要言简意赅，以表述清楚为目的，不需要表述太多细节。

小贴士

总结是计划的基础，总结是为了更好地达成目标。要做好总结，除了应用正确的方法外，还需要持续练习。团队管理者可以带领员工持续运用正确的总结方法，养成总结工作的好习惯，不断改善工作质量。

3.2 编制计划

目标计划是管理者和员工围绕目标共同制订的，为了实现目标而采取任务和行动的过程。目标计划必须清楚说明期望达到的结果，需要明确为了达到结果需要的技能，以及要明确需要具体完成哪些任务和行动。

3.2.1 如何设计目标计划

问题场景

1 目标计划主要指的是岗位的工作计划吧?

2 不仅是岗位工作计划,要达成组织目标,还要有组织层面的计划和部门层面的计划。

3 这么麻烦? 要这么多种计划做什么?

4 不同层级的目标计划之间能形成匹配和支撑。

5 这种不同层级计划的支撑和不同层级目标的支撑听起来是一样的。

6 确实类似,组织目标需要部门目标和岗位目标的支持,计划也是如此。

问题拆解

　　员工岗位层面的目标计划确实重要,但这并不是团队中唯一要做的。与目标的分解方法类似,岗位层面的目标计划来自部门,部门层面的目标计划来自组织。下层的目标计划是由上层目标计划分解而来,同时要对上层目标计划形成支撑作用。

方法与工具

工具介绍

目标计划的 3 个层级

目标计划按责任主体划分，可以分为组织目标计划、部门目标计划和岗位目标计划 3 个层级。一般来说，这 3 个层级的目标计划是自上而下逐级分解形成的。组织的目标计划决定了部门的目标计划，部门的目标计划决定了岗位的目标计划。这 3 个层级的目标计划也是自下而上支撑的，当岗位目标计划完成时，部门目标计划也相应完成；当部门绩效计划完成时，组织目标计划也相应完成。

目标计划的分解逻辑

按时间
分解

	组织	部门	岗位
月度	组织 本月任务	部门 本月任务	岗位 本月任务
季度	组织 季度目标	部门 季度目标	岗位 季度目标
年度	组织 年度计划	部门 年度计划	岗位 年度计划

组织　　　　　　部门　　　　　　岗位　　按空间
分解

应用解析

目标计划 3 层级结构图

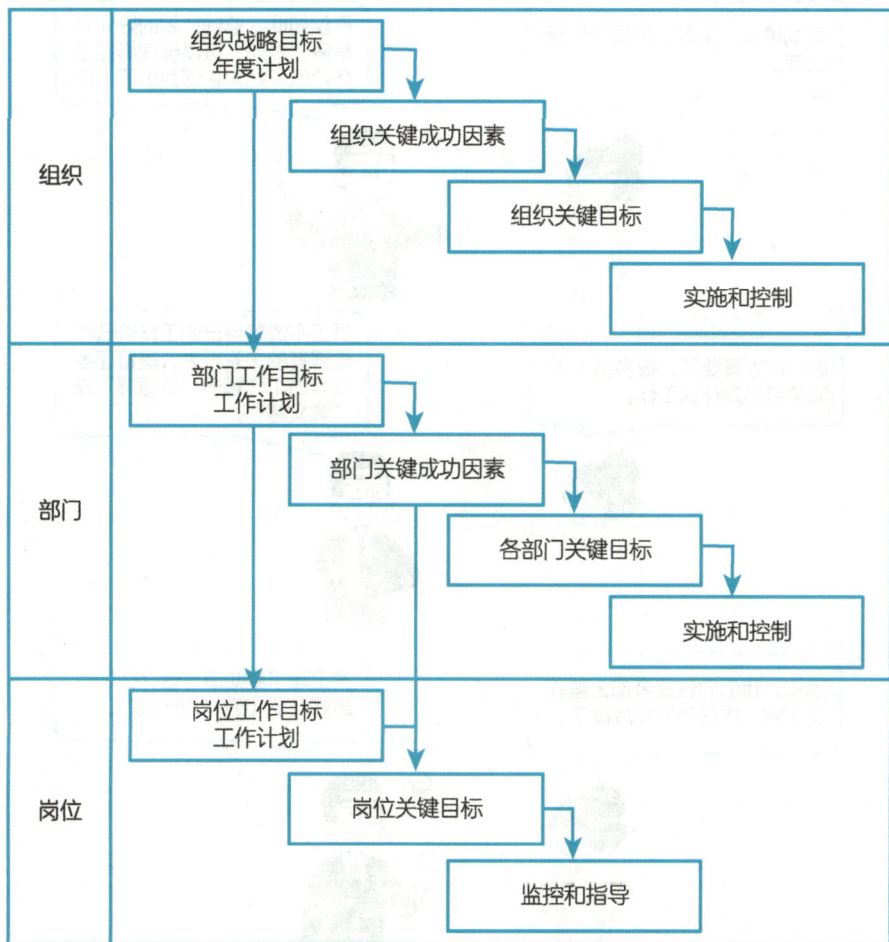

组织	组织战略目标 年度计划 → 组织关键成功因素 → 组织关键目标 → 实施和控制
部门	部门工作目标 工作计划 → 部门关键成功因素 → 各部门关键目标 → 实施和控制
岗位	岗位工作目标 工作计划 → 岗位关键目标 → 监控和指导

小贴士

目标计划的制订过程，是把组织层面的目标层层向下分解，形成体系，最终落到个人层面目标的过程。从组织战略目标和年度计划开始，通过关键成功因素分析和关键目标分解把目标分解到各部门和各岗位，此外还要考虑外部环境变化及内部条件制约，从而将岗位目标和组织战略联系起来。

3.2.2 目标计划作用原则

🔒 问题场景

①
计划确实很重要，能促进目标达成。

②
不仅如此，编制计划的好处非常多，例如，可以梳理岗位工作价值，让大家都为价值工作。

③
这一点太重要了，很多员工不清楚自己为什么工作。

④
员工不清楚自己的工作价值和管理者的关系很大，是管理者没有为工作赋予"价值感"或"意义感"。

⑤
确实，我们的管理者都太强调员工对工作任务的完成度了。

⑥
员工除了要知道"做什么"，最好还要知道"为什么"。

问题拆解

目标计划有助于团队实现价值，但实现什么价值、如何实现价值，需要管理者和员工在编制目标计划时沟通清楚。这种梳理不仅能让员工的目标计划与组织的战略规划、团队的经营计划相匹配，而且能增强员工的整体意识。

方法与工具

工具介绍

目标计划的 4 大作用

　　很多管理者比较重视目标，但对计划不够重视。目标计划能够增强员工的参与感。员工在制订目标计划的过程中，能够充分表达自己对组织、部门和岗位的观点，能够增强员工和组织之间的连接。管理者也可以借此机会调整和纠正员工的想法，和员工充分沟通。

　　目标计划的主要作用有 4 个，分别是契约承诺、双向沟通、提供依据和明确方向。

目标计划的 4 大作用

为管理者和员工提供双向沟通机会，有助于管理者和员工就目标达成相互理解和一致意见。

契约承诺

目标计划是管理者和员工之间达成的契约，是员工对工作的承诺，是员工和管理者观点的统一，是工作标准的统一。

双向沟通

提供依据

明确方向

为员工明确努力的方向。计划可以明确反映员工达成某方面成就后能够获得某方面奖励，可以让员工朝组织期望的方向努力。

为管理者和员工提供评价的依据。管理者对员工的评价不仅限于目标对应的结果是否达成，还包括实施计划的过程。

应用解析

制订目标计划要遵循的 4 大原则

管理者和员工在制订目标计划的过程中要充分沟通。必要时，可以整个团队一起参与，确保信息通畅。

组织、部门和岗位的目标计划是一个整体，管理者和员工要统筹规划，通盘思考，以组织战略目标为基本依据。

协同原则

参与原则

可行原则

激励原则

目标要与经济性或非经济性报酬紧密连接，要有较强的激励性，这样才能让员工有制订计划和完成目标的动力。

员工的目标计划要重点突出，体现岗位特点，要能够通过努力达成，有可行性，不能盲目制订不切实际的计划。

小贴士

1. 目标计划体现出的工作价值要和组织追求的价值相一致。

2. 计划要对应目标，没有和目标一一对应的计划往往是无效的。

3. 计划通常不具备通用性，就算目标相同，达成目标的计划也可能是不同的。

3.2.3　目标计划设计流程

问题场景

1 我回头要求管理者收集一下员工的目标计划。

2 管理者如果只是简单收集计划，不参与员工目标计划制订过程。这样制订出来的目标计划可能会出问题。

3 啊，为什么？

4 因为员工制订的计划可能不符合组织要求。

5 怪不得，之前团队让员工制订计划，结果出了问题。管理者需要做什么呢？

6 管理者要和员工一起做计划的前期沟通和后期确认，过程中也可以做制订计划方法的辅导。

问题拆解

目标计划的制订过程不是单方面的，管理者不能做"甩手掌柜"，不能把这项工作全部交给员工，自己不管不问。管理者和员工可以参照目标计划制订的标准流程，在双方充分沟通的前提下，共同编制计划。

方法与工具

工具介绍

编制计划的 3 个步骤

编制计划可以分成 3 步：

第 1 步是设定出具体的目标。

第 2 步是根据目标制定出能实现目标的方案。

第 3 步是根据方案制订出具体的行动计划。

编制计划的 3 个步骤

在编制计划的过程中，要不断验证行动和目标之间的承接性和关联性。

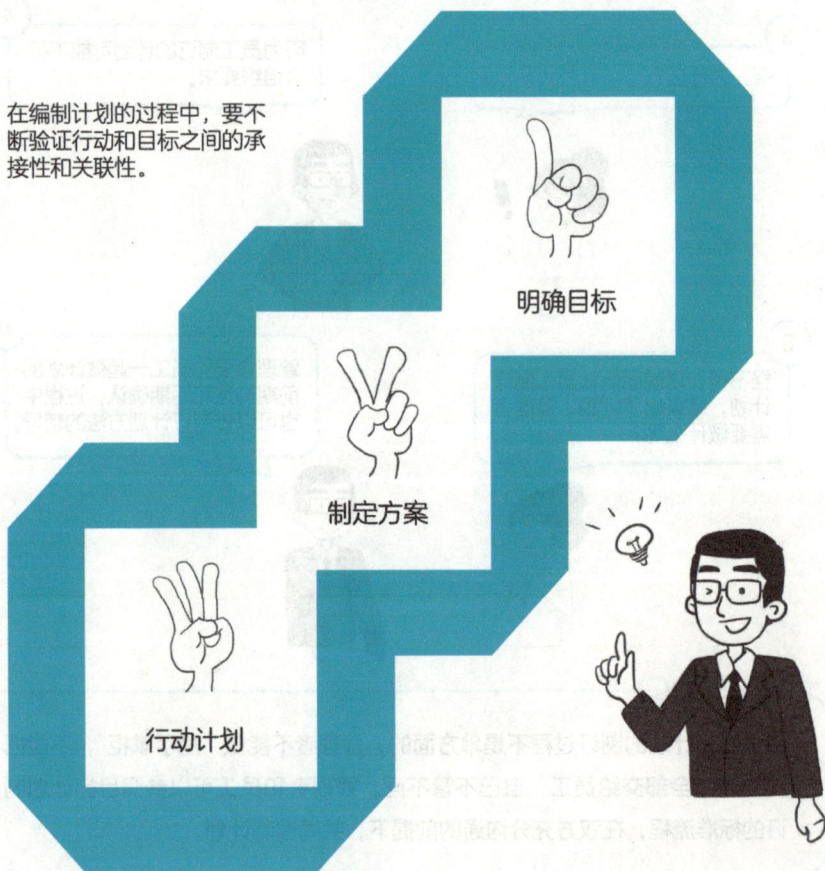

明确目标

制定方案

行动计划

应用解析

管理者和员工编制计划的详细流程

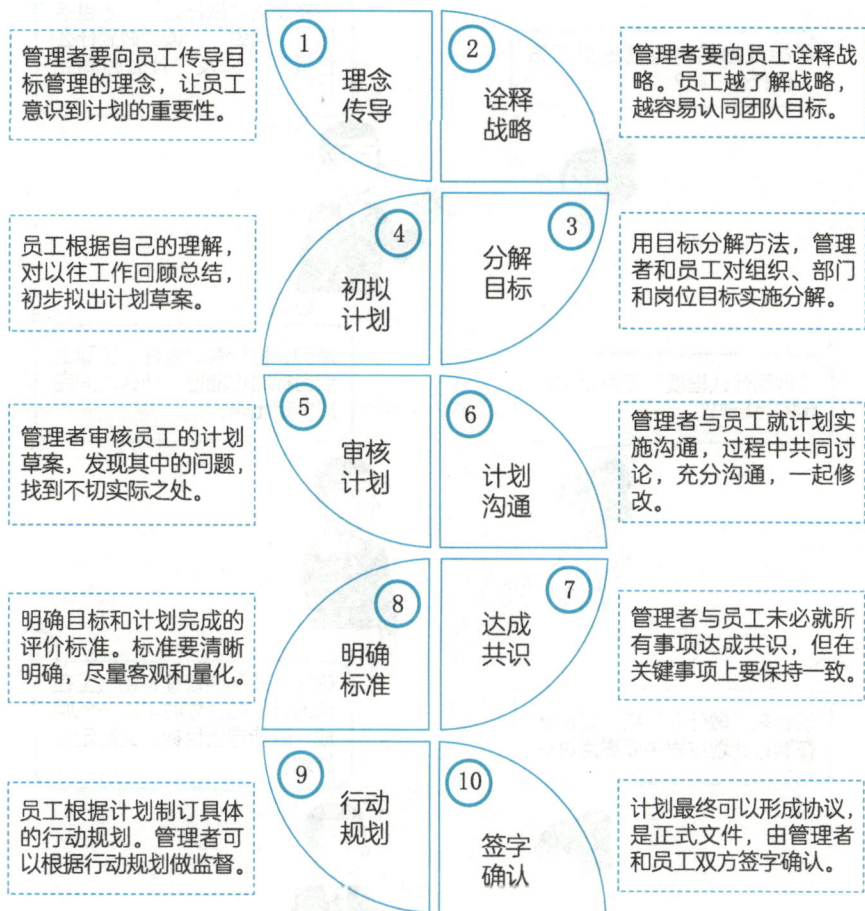

管理者要向员工传导目标管理的理念，让员工意识到计划的重要性。

① 理念传导

② 诠释战略

管理者要向员工诠释战略。员工越了解战略，越容易认同团队目标。

员工根据自己的理解，对以往工作回顾总结，初步拟出计划草案。

④ 初拟计划

③ 分解目标

用目标分解方法，管理者和员工对组织、部门和岗位目标实施分解。

管理者审核员工的计划草案，发现其中的问题，找到不切实际之处。

⑤ 审核计划

⑥ 计划沟通

管理者与员工就计划实施沟通，过程中共同讨论，充分沟通，一起修改。

明确目标和计划完成的评价标准。标准要清晰明确，尽量客观和量化。

⑧ 明确标准

⑦ 达成共识

管理者与员工未必就所有事项达成共识，但在关键事项上要保持一致。

员工根据计划制订具体的行动规划。管理者可以根据行动规划做监督。

⑨ 行动规划

⑩ 签字确认

计划最终可以形成协议，是正式文件，由管理者和员工双方签字确认。

小贴士

1. 让员工了解组织战略是非常有必要的，可以增强员工的主人翁意识，激发员工的积极主动性，让员工产生意义感。

2. 在目标管理和制订计划过程中充分参与，既是员工的权利，也是员工的义务。

3.2.4　目标计划包含内容

🔒 **问题场景**

1 目标计划的内容就是员工该"做什么"吧?

2 不光是该"做什么"，还包括该"如何做"，该"做到什么程度"，以及"什么时间完成"。

3 "做到什么程度"不就是之前定的目标吗?

4 是的，目标有时效性，实际上定目标时也能把"什么时间完成"定出来。

5 那看来"做什么"和"如何做"在制订计划过程中要重点讨论。

6 确实，成熟的管理者和员工在沟通目标和计划时可以一气呵成，既能定出目标，又能定出计划。

问题拆解

　　按照 SMARTER 原则定出来的目标，其中会包含目标要"做到什么程度"，以及"什么时间完成"。制订目标计划的过程主要是讨论"做什么"和"如何做"。

方法与工具

工具介绍

计划的内容呈现

做计划时，要先思考要创造什么价值。这里的价值不仅包括对团队的价值，也包括对员工个人的价值。通过想实现的价值，设定要达成什么样的目标。设定出目标后，要围绕目标设计工作任务和行为。这样一环扣一环推导出来的任务和行为，才是有意义的。

在制订计划的过程中，要盘点当前的基础和资源。基础是自身具备的，是可以通过努力补充的。资源是需要通过外部寻求的，需要别人配合与支持的。

计划内容呈现表

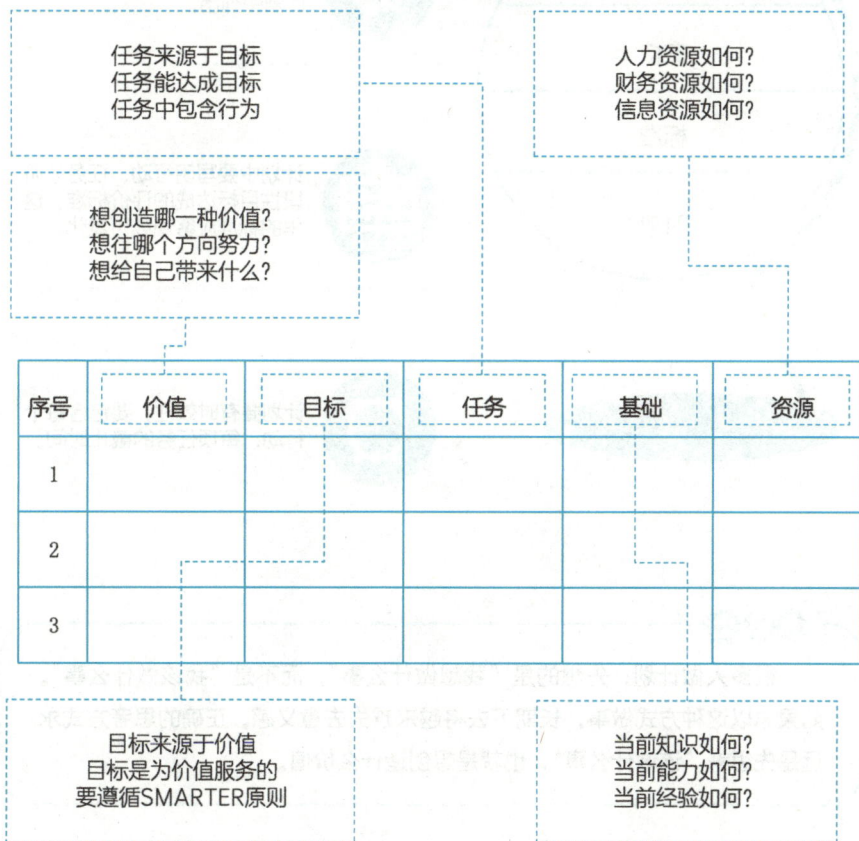

任务来源于目标
任务能达成目标
任务中包含行为

人力资源如何？
财务资源如何？
信息资源如何？

想创造哪一种价值？
想往哪个方向努力？
想给自己带来什么？

序号	价值	目标	任务	基础	资源
1					
2					
3					

目标来源于价值
目标是为价值服务的
要遵循SMARTER原则

当前知识如何？
当前能力如何？
当前经验如何？

应用解析

目标计划中的 4 大核心内容

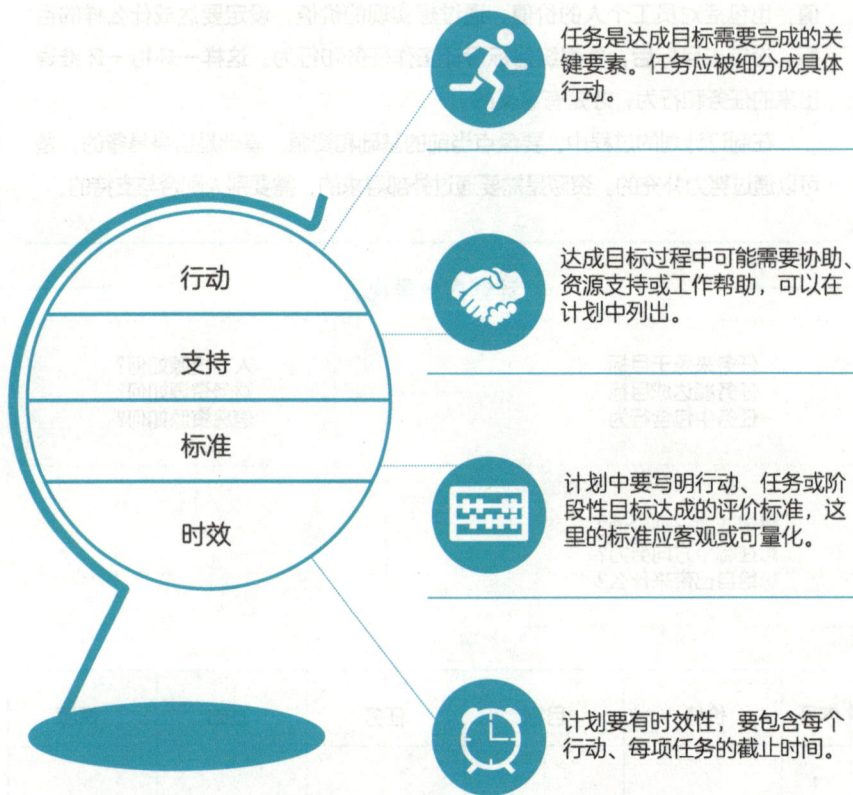

任务是达成目标需要完成的关键要素。任务应被细分成具体行动。

行动

达成目标过程中可能需要协助、资源支持或工作帮助，可以在计划中列出。

支持

标准

计划中要写明行动、任务或阶段性目标达成的评价标准，这里的标准应客观或可量化。

时效

计划要有时效性，要包含每个行动、每项任务的截止时间。

小贴士

很多人做计划，先想的是"我想做什么事"，而不是"我该做什么事"。如果总以这种方式做事，长期下去将越来越失去意义感。正确的思考方式永远是先思考"该做什么事"，也就是想创造什么价值。

3.2.5　如何实施计划沟通

问题场景

1　管理者参与员工目标计划制订过程也没什么难的，我要求管理者照着做就好了。

2　也不会太简单，制订计划的过程需要管理者和员工做大量沟通。

3　一说起管理者和员工的沟通我就头疼……

4　沟通贯穿着目标管理的始终，没有沟通，就没有目标管理。

5　我发现当前团队管理者和员工的沟通意愿和沟通能力都很差。

6　那要先从提高沟通意识开始，先养成沟通的习惯，再提高沟通技能。

问题拆解

　　管理的本质是沟通，管理的核心也是沟通。制度、流程、规则等都是管理的辅助措施。很多团队管理者不注重沟通，依靠制度、流程、规则来做管理，这其实反而是低效的。

方法与工具

工具介绍

目标计划的沟通

团队管理者和员工沟通目标计划时，可以按照准备、回顾、讨论、确认的步骤展开。

双方都应当把工作放下，专心沟通。沟通场地要注意不被打扰，以免双方的沟通思路被打断，影响沟通效果。管理者要注意营造沟通的氛围，不要给员工太大压力。

管理者在沟通中要鼓励员工表达不同意见，倾听员工的感受，通过向员工提问，摸清楚问题所在。管理者要站在员工的角度思考问题，了解员工的感受，分清楚哪些是员工的抱怨，哪些是真的问题，给员工正确的引导。

目标计划的沟通步骤

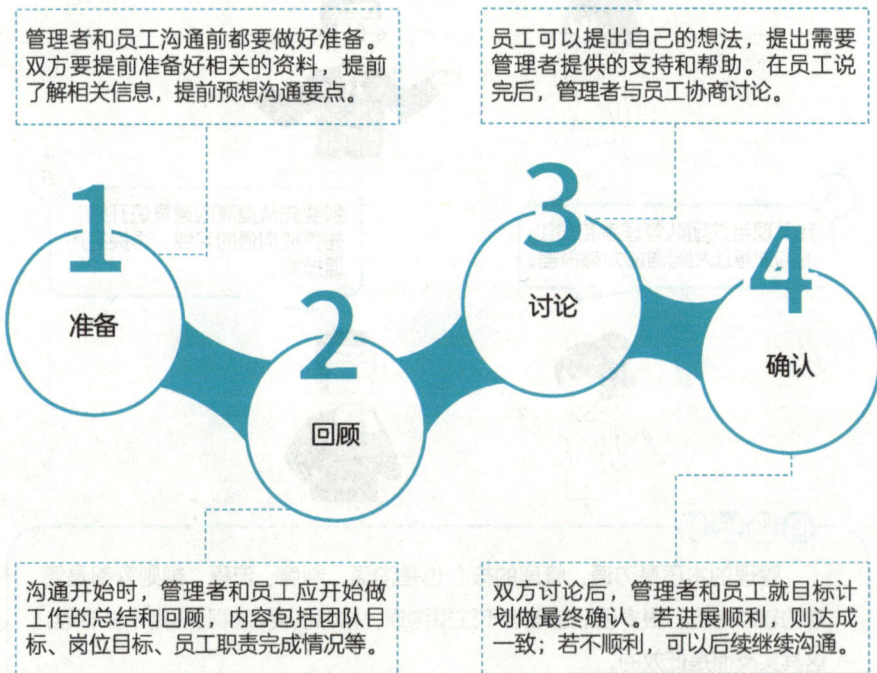

管理者和员工沟通前都要做好准备。双方要提前准备好相关的资料，提前了解相关信息，提前预想沟通要点。

员工可以提出自己的想法，提出需要管理者提供的支持和帮助。在员工说完后，管理者与员工协商讨论。

1 准备

2 回顾

3 讨论

4 确认

沟通开始时，管理者和员工应开始做工作的总结和回顾，内容包括团队目标、岗位目标、员工职责完成情况等。

双方讨论后，管理者和员工就目标计划做最终确认。若进展顺利，则达成一致；若不顺利，可以后续继续沟通。

应用解析

目标计划沟通的 4 点注意事项

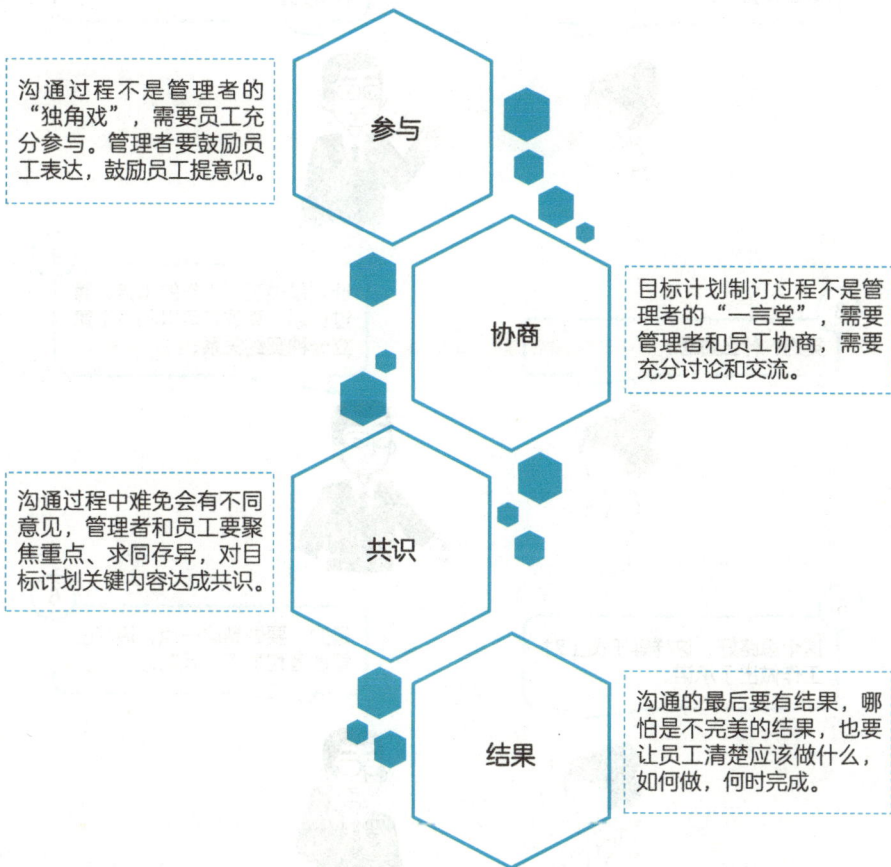

沟通过程不是管理者的"独角戏"，需要员工充分参与。管理者要鼓励员工表达，鼓励员工提意见。

参与

协商

目标计划制订过程不是管理者的"一言堂"，需要管理者和员工协商，需要充分讨论和交流。

沟通过程中难免会有不同意见，管理者和员工要聚焦重点、求同存异，对目标计划关键内容达成共识。

共识

结果

沟通的最后要有结果，哪怕是不完美的结果，也要让员工清楚应该做什么，如何做，何时完成。

小贴士

针对目标计划沟通时，员工可能会强调各类困难。管理者要和员工一起分析困难是主观上的还是客观上的，帮助员工克服主观障碍。对于客观困难，管理者可以和员工一起讨论，给员工提供必要的资源、支持或帮助。

3.2.6　如何编制目标承诺

🔒 问题场景

1　有了计划后，员工就知道自己该做什么了。

2　计划不仅是一种行动路径，更是一种契约，管理者要用好这种契约。

3　契约？什么意思？

4　计划是员工对工作的承诺，通过计划，管理者可以和员工建立一种契约关系。

5　这个思路好，这样等于员工对工作做出了承诺。

6　是的，要做到这一点，最好由管理者和员工一起制订计划。

问题拆解

管理者和员工一起制订计划的过程也是建立契约的过程。管理者在这个过程中不仅可以让员工明确达成目标需要采取的一系列任务和行动，也可以把计划当成一种员工承诺，与员工之间建立起契约关系。

方法与工具

工具介绍

个人业绩承诺

个人业绩承诺是员工对工作的个人承诺。它反映了团队、结果与执行之间的紧密联系，体现了一种价值观和组织文化，强调了组织成员共同参与组织目标实现过程中承诺的重要性，也体现了目标管理的核心思想。

个人业绩承诺最早被 IBM 公司应用，通常可以分成 3 部分，分别是结果目标承诺（win）、执行措施承诺（execute）和团队合作承诺（team）。

个人业绩承诺的 3 个部分

员工承诺本人能达到的目标，包括员工准备"做什么"，准备"做到什么程度"，应有具体的衡量指标，说明完成"程度"以及"何时"完成。

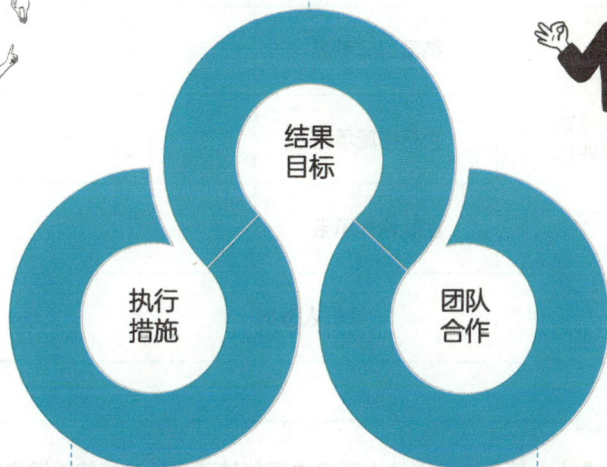

结果目标

执行措施

团队合作

员工为达成结果目标，承诺准备执行哪些具体措施或行动，准备"如何做"，不一定有明确的衡量方式，可以是一种对过程中的行为的描述。

为了保证团队实现目标，员工在团队中对协作、沟通、交流、参与、配合等方面的承诺，包括员工准备"与谁做"，主要起导向和引导作用，强调配合。

应用解析

个人业绩承诺与评价表

承诺周期		
个人承诺 计划	结果目标承诺	
	执行措施承诺	
	团队合作承诺	
承诺人签字：		
评价日期		
个人承诺 结果评估	结果目标承诺	
	执行措施承诺	
	团队合作承诺	
评价人签字：		

小贴士

制定个人业绩承诺可以让上下级之间能够就目标达成的关键措施互相沟通、认真分析，充分考虑到外部障碍和风险。"执行措施承诺"并不能代替具体的行动计划。为更好地实现目标，尤其是比较复杂的目标，应有更加详细、具体的行动方案。

3.2.7 目标计划常见问题

🔒 问题场景

1 有了这套制订计划的机制之后，我的工作就轻松了，就可以高枕无忧了！

2 千万别这么觉得，如果你对此不闻不问，这套机制将很难落实。

3 为什么?

4 因为计划是自上而下发起，自下而上承接的，你虽然不需要参与每个管理者和员工制订计划的过程，但不能不管。

5 看来我把这件事想简单了。

6 现实中目标和计划总是不断调整变化的，这种变化决定了你要关注目标计划的制订过程。

问题拆解

在整个团队制订计划的过程中，最高管理者不能做"甩手掌柜"。目标是自上而下的，计划也是自上而下的，每一层管理者都要关注其管辖范围内所有管理者和员工的基本情况。

方法与工具

工具介绍

目标计划常见问题

目标计划是实施目标管理的起点，计划制订过程是团队高层管理者、中层管理者及基层管理者和员工参与管理、明确职责和任务的过程。然而在实务操作环节往往出现各种问题，常见问题有 4 个：高层参与少、认识不到位、过程走形式、能力不到位。

目标计划常见 4 大问题

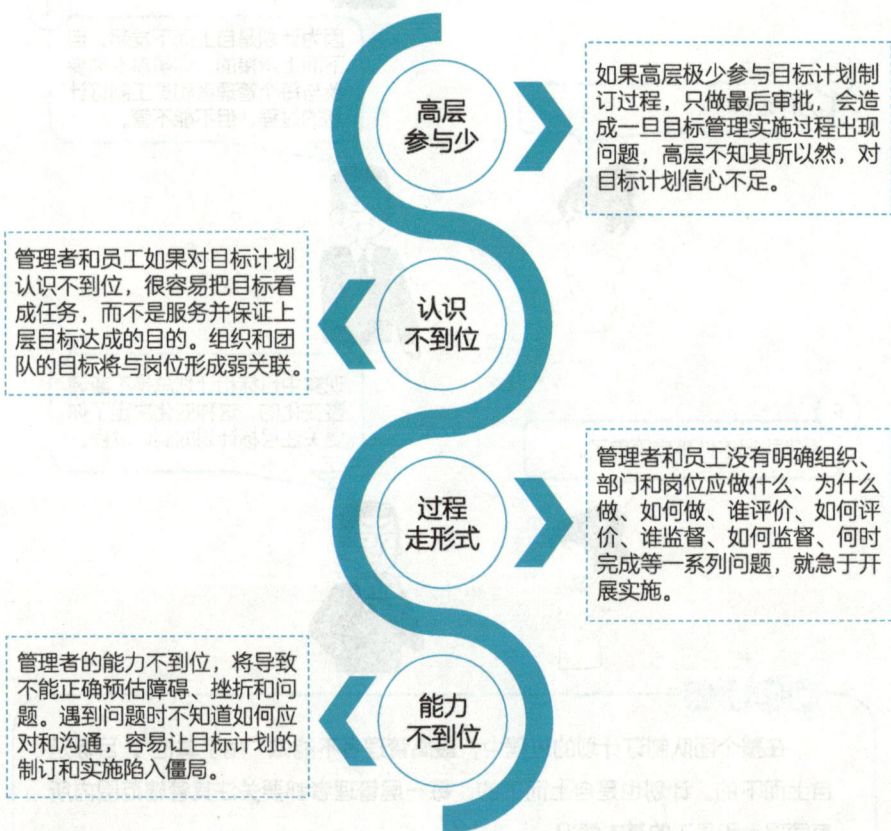

高层参与少
如果高层极少参与目标计划制订过程，只做最后审批，会造成一旦目标管理实施过程出现问题，高层不知其所以然，对目标计划信心不足。

认识不到位
管理者和员工如果对目标计划认识不到位，很容易把目标看成任务，而不是服务并保证上层目标达成的目的。组织和团队的目标将与岗位形成弱关联。

过程走形式
管理者和员工没有明确组织、部门和岗位应做什么、为什么做、如何做、谁评价、如何评价、谁监督、如何监督、何时完成等一系列问题，就急于开展实施。

能力不到位
管理者的能力不到位，将导致不能正确预估障碍、挫折和问题。遇到问题时不知道如何应对和沟通，容易让目标计划的制订和实施陷入僵局。

应用解析

目标计划内容呈现注意事项

> 在用Word呈现内容时，如果文字内容较多，应尽量转化成数字。
> 在用Excel呈现内容时，如果数字内容较多，应尽量转化成表格。
> 在用PPT呈现内容时，如果表格较多，应尽量转化成图形。

Word　　　　　　文字　　　　　　数字

Excel　　　　　　数字　　　　　　表格

PPT　　　　　　表格　　　　　　图形

小贴士

　　在用PPT做内容呈现时，要注意把每页PPT的标题设置成结论或目标，PPT正文中的文字主要用来做关键说明，当文字能用数字表示时，就用数字表示；当数字能用比较直观的图形表示时，就用图形表示。总之，能少用文字就少用文字，能不用文字就不用文字。

04

执行监督

💎 **本章背景**

1 确定了目标，制订了计划后，剩下的就看员工执行了。

2 员工执行得怎么样也和管理者有关。

3 执行不是员工的事吗？管理者有什么可做的？

4 管理者要做好员工执行过程中的监督。

5 我知道了，这就是所谓的过程管控吧。

6 是的，管理者不能被动地坐等结果，要主动做员工执行过程的监控。

背景介绍

目标管理不仅是对结果的管理，也是对过程的管理。没有过程，就没有结果。团队要的是员工最终达成目标，而不是管理者"秋后算账"，因员工没达成目标而埋怨员工。为保证目标达成，管理者要对员工执行过程予以监督。

4.1　提前预警

　　目标能不能被有效执行，在设计、确认目标和制订计划之初就能看出端倪，不一定要等到目标没有执行后才发现。管理者要保证目标被有效执行，需要提前预警，事先发现目标中存在的问题，提前采取对策。

4.1.1 如何保证目标落地

问题场景

1 咱俩说着怎么设计目标，我却想起了我们团队之前很多目标落不了地的情况。

2 你觉得问题出在哪里呢?

3 问题一定是出在目标执行过程中吧。

4 不一定，其实确定目标之后的环节直接影响着目标的执行。

5 你的意思是目标和员工的关联度情况以及目标值大小是否合理是吧?

6 不全是，目标本身分解到计划的过程正是落实目标的过程。

问题拆解

　　错误往往发生在一开始，问题总能在起点找到端倪。确定目标和计划的过程本身决定了目标与计划的执行质量。在确定目标和计划时如果考虑不周，后续的执行环节必然会出问题。

方法与工具

工具介绍

制定目标的 5W1H 工具

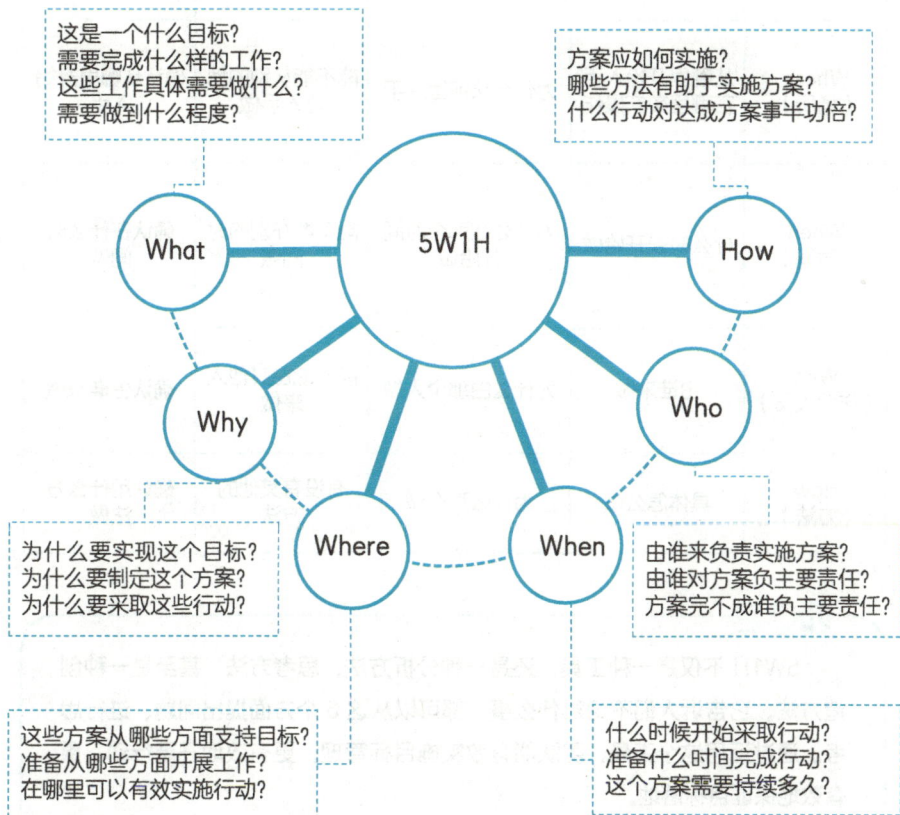

制定目标时，需要明确目标的实施目的、实施方法、责任人、完成时间等内容。这时候，需要用到 5W1H 工具。5W1H 分别指的是 What（什么事 / 什么对象）、Why（为什么 / 什么原因）、Where（什么场所 / 什么地点）、When（什么时间 / 什么程序）、Who（什么人员 / 责任人是谁）、How（什么方式 / 如何做）。

制定目标的 5W1H 工具

这是一个什么目标？
需要完成什么样的工作？
这些工作具体需要做什么？
需要做到什么程度？

方案应如何实施？
哪些方法有助于实施方案？
什么行动对达成方案事半功倍？

What

5W1H

How

Why

Who

Where

When

为什么要实现这个目标？
为什么要制定这个方案？
为什么要采取这些行动？

由谁来负责实施方案？
由谁对方案负主要责任？
方案完不成谁负主要责任？

这些方案从哪些方面支持目标？
准备从哪些方面开展工作？
在哪里可以有效实施行动？

什么时候开始采取行动？
准备什么时间完成行动？
这个方案需要持续多久？

应用解析

某公司产品研发项目的 5W1H

5W1H	现状	原因	改善	确认
What（产品）	要研发什么产品	为什么要研发该产品	能不能研发别的产品	确认研发什么产品
Why（目的）	研发该产品有什么目的	为什么是这样的目的	还有没有其他的目的	确认目的是什么
Where（场所）	从哪里开始入手在哪里实施操作	为什么从那里入手	能不能从别的地方入手做	确认从哪里开始入手
When（时间）	什么时候开始做	为什么在那个时间开始做	能不能在别的时间做	确认在什么时间做
Who（作业人员）	由谁来做	为什么由那个人做	能不能由其他人来做	确认由谁来做
How（方法）	具体怎么做	为什么那么做	有没有其他的方法	确认用什么方法做

小贴士

　　5W1H 不仅是一种工具，还是一种分析方法、思考方法，甚至是一种创造方法。它告诉人们不论对什么事，都可以从这 6 个方面提出问题、进行思考。通过运用这个工具，团队能有效实施目标管理，更有效地开展行动，更有效地保证目标落地。

4.1.2 如何事先发现问题

问题场景

1 原来过程监控在定目标和计划时就开始了。

2 是的，过程中的问题往往能在一开始就发现。

3 除了定目标的环节外，是不是在员工制订计划的时候也能发现问题呢？

4 确实可以，员工有时会低估或高估自己的能力，有时不清楚做事的工具或方法。

5 看来管理者有必要和员工一起事先发现问题。

6 没错，员工最好一开始就能把事情做对。

问题拆解

提前发现问题好过做了一半再发现问题。过程管控要在还没有正式做之前就开始，而不是在开始做了以后再想起来做。如果能一开始就把事情做对，可以减少不必要的损耗，提升效率。

方法与工具

工具介绍

管理者事先查找员工问题的两大层面

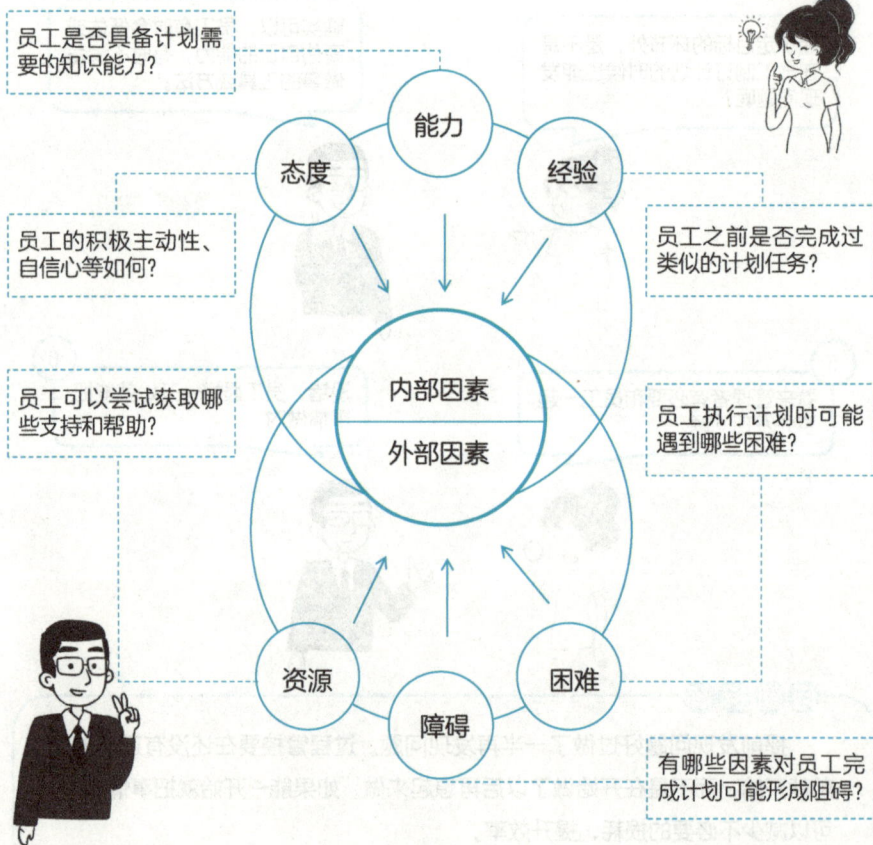

　　管理者在与员工制订目标计划时，可以提前发现员工的问题，从内部因素和外部因素两个层面入手。内部因素包括员工的态度、能力和经验 3 个层面；外部因素包括资源、障碍和困难 3 个层面。

管理者查找员工问题的两大层面

员工是否具备计划需要的知识能力？

员工的积极主动性、自信心等如何？

员工可以尝试获取哪些支持和帮助？

能力

态度

经验

内部因素

外部因素

员工之前是否完成过类似的计划任务？

员工执行计划时可能遇到哪些困难？

资源

障碍

困难

有哪些因素对员工完成计划可能形成阻碍？

应用解析

管理者给员工提供的 4 大支持

管理者要帮助员工鼓足勇气，让员工敢于面对有一定挑战的任务，让员工积极主动地接受任务。

管理者要给员工提供完成工作任务必备的知识和信息，让管理者和员工对工作保持信息对称。

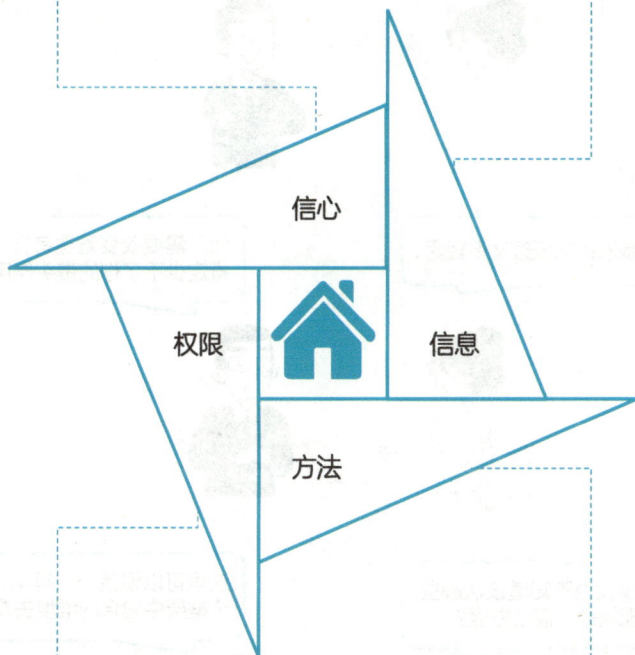

信心

权限　　信息

方法

员工完成工作任务可能需要一定权限，管理者要懂得放权，给员工一定的空间。

管理者要给员工提供完成工作任务必备的工具和方法，指导员工快速上手，让员工知道如何做。

小贴士

1. 管理者不仅要帮助员工发现问题，也要给员工提供支持。

2. 管理者对员工的支持不能只停留在嘴上，要付诸实际行动。

3. 员工的行为表现是对管理者所提供支持最真实的感受反馈。

4.1.3 从哪些维度找问题

🔒 问题场景

1 提前预警问题这个想法挺好的，我们的管理者很少具备这种意识。

2 这种意识需要刻意培养，你首先要以身作则。

3 好吧，看来我的任务又不轻啊。

4 但凡需要改变管理者行为的，肯定少不了你的带头作用。

5 可有时候我也不知道该从哪些角度发现问题，怎么办呢？

6 这里可以设置一个框架，用这个框架中包含的维度去观察。

问题拆解

让管理者养成提前预警、发现问题的习惯，同样需要一段时间的培养，这需要最高管理者以身作则。自上而下地提前预警、发现问题，而不是被动期待问题可以自下而上得以发现和解决。

方法与工具

工具介绍

提前发现问题的3个维度

目标执行之前，可以从3个维度提前发现问题，分别是组织维度、管理者自身维度和员工维度。组织维度是从顶层设计的角度发现问题。

管理者自身维度是从个人角度发现问题。

员工维度是从下级工作的角度发现问题。

提前发现问题的3个维度

自身维度

可以查找的问题包括管理者个人素质的提升改善、管理风格按需调整、管理方法相应改变、对业务的熟练程度、自身对员工的了解程度、上下级关系、个人魅力等。

员工维度

可以查找的问题包括员工的作业环境、工作技能、工作方法、工作习惯、对待工作的态度、个人需求和欲望、职业生涯规划、与同事之前的配合程度等。

组织维度

可以查找的问题包括文化氛围、人员配置、工作方式、工作重点、工作先后顺序、部门间的关系、形象或印象、提供资源、流程制度等。

应用解析

员工执行未达成目标的 4 点原因

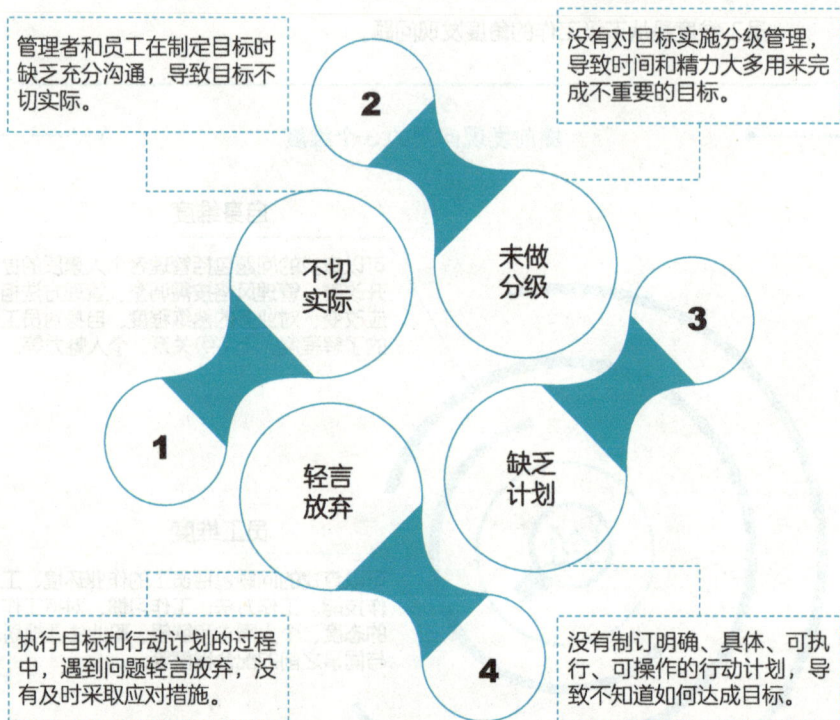

管理者和员工在制定目标时缺乏充分沟通，导致目标不切实际。

没有对目标实施分级管理，导致时间和精力大多用来完成不重要的目标。

2

不切实际

未做分级

3

1

轻言放弃

缺乏计划

执行目标和行动计划的过程中，遇到问题轻言放弃，没有及时采取应对措施。

没有制订明确、具体、可执行、可操作的行动计划，导致不知道如何达成目标。

4

小贴士

管理者和员工要注意周围环境的变化，根据环境变化情况及时调整目标。如果当初制定目标的环境发生变化，应当根据新的环境重新制定目标，并重新制订行动计划。

4.2 目标监控

　　在员工执行目标的过程中，管理者为预防和解决可能出现的问题，要对目标执行过程实施监控，要持续观察和记录员工执行目标过程中的关键行为、关键事件和目标进展情况，为目标评价做依据的同时，更好地帮助员工完成目标计划。

4.2.1 如何设置目标监控体系

🔒 问题场景

1 目标执行过程中肯定要有监控吧?

2 当然，对目标的监控是一种必需的过程管控形式。

3 可是监控过程好累啊，多希望能在目标管理过程中一直实施监控。

4 有效的目标管理监控是一套体系，而不是一个简单的动作。

6 对目标的监控与目标实施前查找问题的维度类似，同样可以从3个维度入手。

5 需要从哪里入手呢?

问题拆解

　　目标监控对偏向顶层的管理者来说，是一套体系，更注重从顶层设计和监督的角度发现问题。对偏向基层的团队管理者来说，是一套动作，更注重在日常工作中对员工执行目标的过程实施监控。有了顶层设计，有了基层实施，目标监控才完整。

方法与工具

工具介绍

目标监控体系

目标监控不只是在目标管理中的某个过程或行为，而是贯穿目标计划和目标评价的全过程，在整个目标管理过程中发挥着重要作用。目标监控也不是只监控目标管理的某一类人群，而是整个团队自上而下地对目标执行情况实施全过程监控。

目标监控的 3 个层面

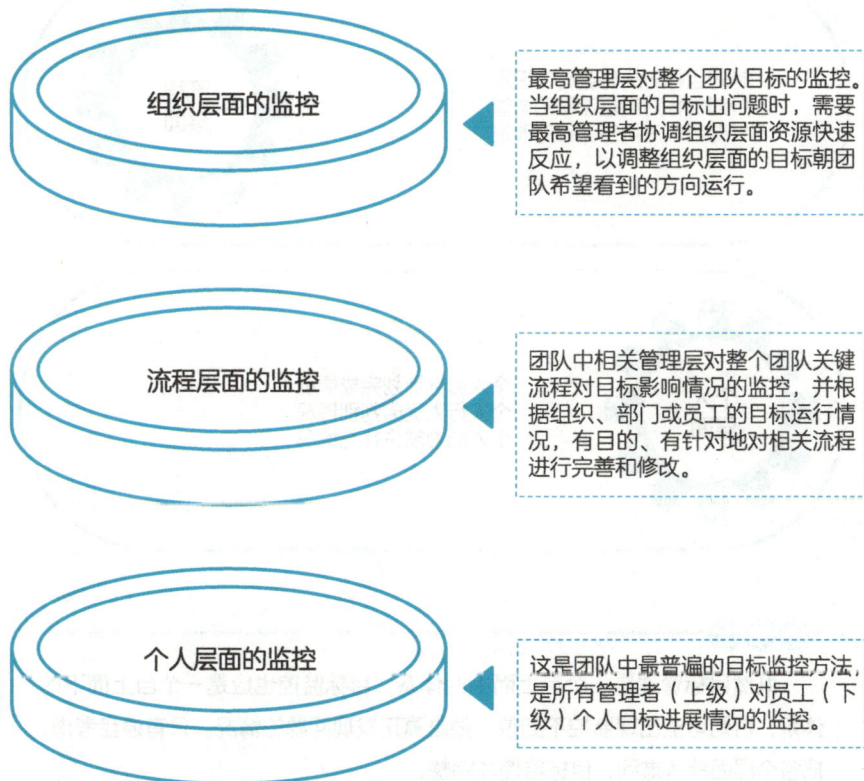

组织层面的监控

最高管理层对整个团队目标的监控。当组织层面的目标出问题时，需要最高管理者协调组织层面资源快速反应，以调整组织层面的目标朝团队希望看到的方向运行。

流程层面的监控

团队中相关管理层对整个团队关键流程对目标影响情况的监控，并根据组织、部门或员工的目标运行情况，有目的、有针对地对相关流程进行完善和修改。

个人层面的监控

这是团队中最普遍的目标监控方法，是所有管理者（上级）对员工（下级）个人目标进展情况的监控。

应用解析

目标监控 3 个层面对应内容

组织层面

内部各业务或职能部门间的协同情况
外部组织机构间的协同情况
日常经营管理与全部员工间的协同情况
团队价值主张是否达到原本预期
客户或供应商是否影响目标达成

针对目标对战略流程的识别
针对目标对运营流程的衡量
针对目标对执行流程的改进

流程层面

个人层面

个人目标计划完成情况
个人行为优劣判别情况
个人能力缺失补充情况

小贴士

既然目标管理是一个自上而下的体系，目标监控也应是一个自上而下的体系，否则可能出现监控不到位，很难真正发现问题的情况。只有通盘考虑，把各个层面都考虑到，目标监控才完整。

4.2.2　如何操作目标过程监控

🔒 问题场景

1 虽然有目标监控体系，但我还是不放心每个团队的目标执行情况。

2 看来你对目标监控的要求比较高。

3 嗯，可能是我的管理风格比较强势，比较追求完美吧。

4 这也没什么不好，可以在目标执行过程中实施检查。

5 由谁来检查呢？我平时比较忙，没那么多时间检查。

6 可以成立目标监控小组，让小组成员来实施抽检。

问题拆解

　　当团队人数规模较大，期望追求管理的高颗粒度时，为保证目标管理过程监控的有效实施，可以成立目标监控小组，定期监控团队内的目标实施情况。目标监控小组成员负有监督和检查的职责。

方法与工具

工具介绍

目标监控实施

目标监控是在目标管理过程中，从设计和确认目标，到目标评价的全过程监控。在监控目标过程时，需要保持目标管理各环节的通畅和一致性。

人数较多的团队实施目标监控时可以成立目标监控小组，人数较少的团队可以由团队管理直接实施。

对不同组织、部门或具体情况，目标监控的重点应当是不同的。但对于小团队中具体的管理者和员工，在外部条件没发生较大变化时，目标监控的重点就是保证目标管理顺利实施。

监控小组实施目标监控流程

团队可以组成目标监控小组，组长可以由最高管理层担任，组员由部分中基层管理者组成。目标监控小组的主要任务是监控整个团队的目标运行情况。

目标监控小组在实施监控前，要制订监控计划，分别对组织层面、流程层面和个人的目标执行过程进行监控，同时也要对管理者日常对员工的目标管理过程实施监控。

1.成立监控小组

2.实施目标监控

3.目标监控处理

在目标监控过程中发现问题时，目标监控小组要及时把问题反馈给当事人，需要在较高层面进行讨论的，要提报团队顶层的会议议程，寻找解决方案。

应用解析

目标过程监控的 3 个时间段

目标监控小组在目标管理的第一步，即团队设计和确认目标时，就要确保各团队的目标、任务能够有效分解。在初步确定目标时，要确保管理者和员工做好充分沟通。

事前

事中

事后

在目标管理运行过程中，要随时监控目标达成情况、任务完成情况，及时总结、回顾、汇报，及时修正目标管理中存在的问题。

在一个目标管理周期结束后，要综合评估组织、部门、个人的目标完成情况，找出差距和原因。有利的方法或行为进行推广，不利的方法或行为及时更正。

小贴士

目标管理是一个管理闭环，有开端，有进展，有结束，目标监控也不只是监控过程。所以在一个目标管理周期开始前、运行时和结束后都要做目标过程监控，确保个人和部门的目标能保证团队达成整体目标。

4.2.3　目标过程监控注意事项

🔒 **问题场景**

1 一说起检查我就头疼，我们之前做检查出过问题。

2 什么问题？

3 管理者和做检查的人吵起来了，事后管理者就辞职了，说检查就是不信任。

4 这个管理者为什么会有这种想法？

5 后来我也反思，应该是我们实施检查的人操作方法有问题，到处"挑刺"。

6 那要给实施检查的人提要求、做培训，目标过程监控的核心目的是帮助团队达成目标，帮助团队做得更好。

问题拆解

　　检查是团队的常态化工作，但实施不好容易引发内部矛盾。团队管理者要树立团队成员对检查的正确态度，构建"越检查，越信任"的组织文化。同时也要做好对实施检查人员的管理，不能让检查变味。

方法与工具

工具介绍

实施目标过程监控的注意事项

　　目标过程监控中发现问题要就事论事，把问题落在事上，对事不对人，不要把问题上升到人的品质。检查要公平公正实施，不能偏袒，不能多次检查一方，对另一方从不检查。眼见不一定为实，不要只相信自己看到的，不要只看结果，相信客观事实，而不是主观感受，要多方了解具体情况。

正确操作检查的 4 个关键

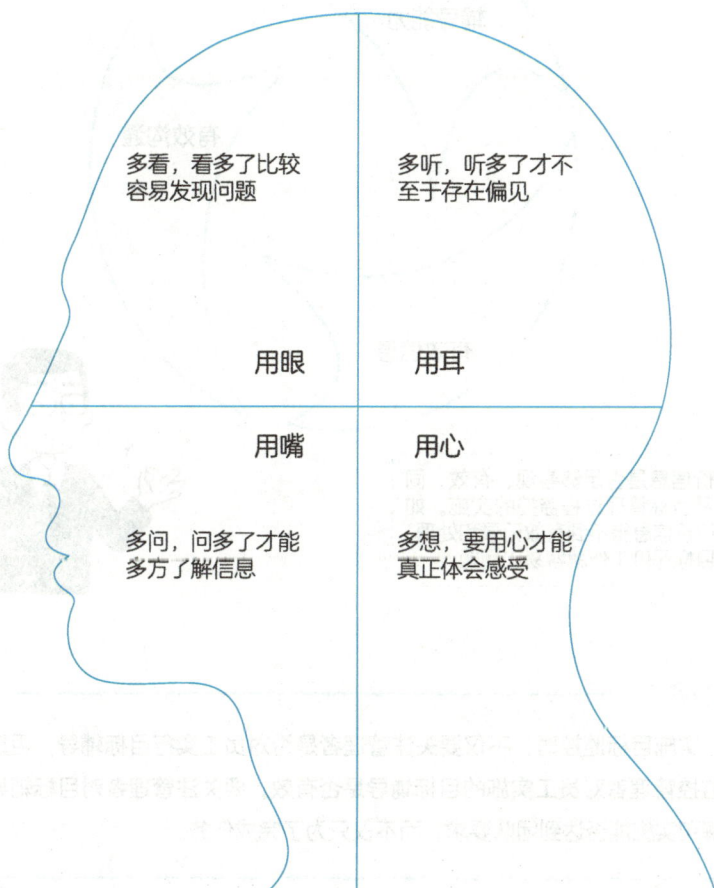

多看，看多了比较容易发现问题

多听，听多了才不至于存在偏见

用眼

用耳

用嘴

用心

多问，问多了才能多方了解信息

多想，要用心才能真正体会感受

应用解析

目标监控的3个关键项目

管理者的辅导能力对员工目标的实现、任务的完成关系重大。管理者如果不懂根据不同员工类型有针对性辅导的话，辅导通常不会起到应有效果。

管理者与员工对目标的沟通方式决定了目标管理能否真正发挥作用。只有当管理者就目标相关问题与员工进行充分沟通时，目标管理效果才能实现。

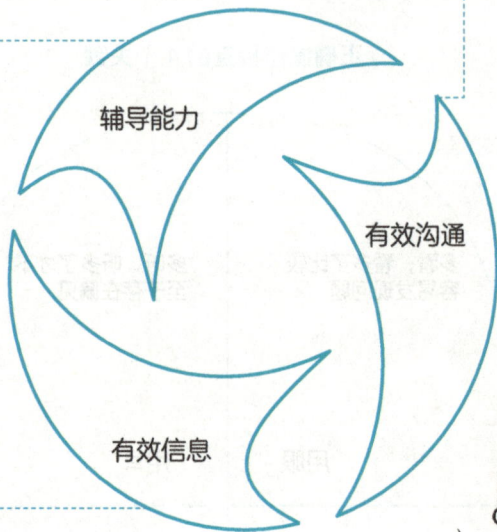

辅导能力

有效沟通

有效信息

目标评价信息是否足够客观、有效，同样影响着目标管理过程监控的实施。如果目标评价信息得不到有效记录和处理，接下来目标评价工作就容易出问题。

小贴士

实施目标监控时，不仅要关注管理者是否对员工实行目标辅导，更重要是监控管理者对员工实施的目标辅导是否有效。要关注管理者对目标辅导的理解和实施能否达到团队要求，而不仅只为了完成任务。

4.3 问题诊断

　　管理者在监督员工执行目标计划的过程中，难免会发现各种各样的问题。此时需要管理者具备提早发现和诊断问题的能力，尽快改进问题。当发现员工思想有问题时，要有能力引导员工走出思维困境。

4.3.1 如何诊断问题

问题场景

1 我是个爱学习的人，也倡导团队如果达不成目标，就组织培训学习，可发现效果不佳。

2 一味学习不一定能帮助员工实现目标。

3 为什么？学习能提高员工的知识，不是会对实现目标有很大帮助吗？

4 学习也许可以改变员工个人层面的问题，但达不成目标的原因很多，需要先诊断。

5 诊断？也就是先看问题在哪里是吧？

6 没错，诊断之后对症下药，更容易事半功倍。

问题拆解

　　达不成目标的原因有很多，不一定是员工个人问题。然而很多管理者总是一味在员工身上做文章，试图通过"修理"员工来达成目标。这就像一株植物没长好，不一定是这株植物本身有问题，很可能是阳光、土壤、水分有问题，一味修剪植物不一定会让其长得更好。

方法与工具

工具介绍

吉尔伯特行为工程模型

行为学家吉尔伯特（Thomas F. Gilbert）曾研究影响组织绩效水平的因素。在调研了300多个组织以后，他形成了一系列调研报告和著作，并提出了吉尔伯特行为工程模型工具。

吉尔伯特行为工程模型把影响组织绩效的因素分成两大因素，一个是环境因素，另一个是个体因素。环境因素主要来源于组织的内部或外部，而个体因素则来源于员工个人。环境因素和个体因素又分别可以分成3个小的因素，所以，影响绩效的因素一共可以分为两大类、6小类。

吉尔伯特行为工程模型

信息的通畅性，包括明确工作行为标准和目标、及时进行反馈，确保能及时获取所需信息的渠道畅通。

员工能获取的资源条件，包括工具、系统、适当的流程、易于查阅的参考手册、充足的时间、专家或专家体系，以及充足、安全的附属设施。

分为经济性和非经济性，包括有形奖励和无形奖励，比如对员工的认可、员工可获得的晋升或处罚。它不只针对某个人，而是针对所有人。

环境因素	分类	信息	资源	奖励/后续结果
	影响	35%	26%	14%
个体因素	分类	知识/技能	素质	动机
	影响	11%	8%	6%

能通过各种职业技能培训让员工获取到的，能胜任本职工作的知识和技能。

个人特点、性格特质、行为偏向、生理特质、心理或情绪特质，以及因生活状况、方式、环境等因素造成的个人认知和习惯上的局限性。

员工某方面的价值认知、把工作做好的信心、情绪偏向，以及员工受环境、文化、氛围等因素影响引发的主观情绪和能动性变化。

应用解析

吉尔伯特行为工程模型应用

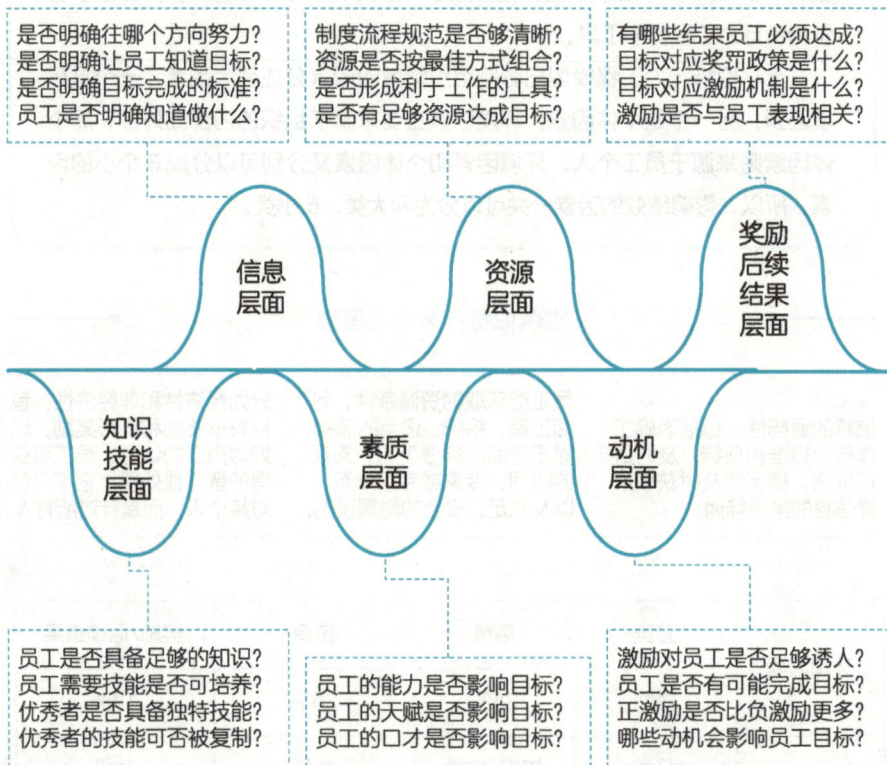

是否明确往哪个方向努力？
是否明确让员工知道目标？
是否明确目标完成的标准？
员工是否明确知道做什么？

制度流程规范是否够清晰？
资源是否按最佳方式组合？
是否形成利于工作的工具？
是否有足够资源达成目标？

有哪些结果员工必须达成？
目标对应奖罚政策是什么？
目标对应激励机制是什么？
激励是否与员工表现相关？

信息
层面

资源
层面

奖励
后续
结果
层面

知识
技能
层面

素质
层面

动机
层面

员工是否具备足够的知识？
员工需要技能是否可培养？
优秀者是否具备独特技能？
优秀者的技能可否被复制？

员工的能力是否影响目标？
员工的天赋是否影响目标？
员工的口才是否影响目标？

激励对员工是否足够诱人？
员工是否有可能完成目标？
正激励是否比负激励更多？
哪些动机会影响员工目标？

小贴士

利用吉尔伯特行为工程模型解决问题时，应按重要性占比，依次从信息、资源、奖励／后续结果的环境因素，到知识／技能、素质、动机的个人因素查找问题。如果发现团队在占比大的因素中存在问题，要先解决影响较大的问题。

4.3.2 如何改进问题

问题场景

1 我原来的做法确实有问题，总把重点放在"对付"员工上。

2 如果非要从员工这里找原因，不如把重点放在工具和方法上。

3 看来这需要管理者改变平时的目标管理方法，别总以为没达成目标都是员工的问题。

4 是的，先从顶层找原因，再从员工身上找原因。

5 但很多时候管理者也搞不清楚工具和方法，这时候该怎么办呢？

6 可以让管理者养成寻找和提炼最佳实践的能力。

问题拆解

当诊断出问题后，管理者不应第一时间认为这是员工的问题，而要先从环境因素、客观因素出发找原因。要改进问题，总结出工具和方法，管理者可以寻找和研究最佳实践，通过总结和传播，让最佳实践得以在团队内复制。

方法与工具

工具介绍

改进问题的 4 个步骤

利用吉尔伯特行为工程模型解决问题的思路是寻找亮点，寻找如何把工作做得更好的最佳实践，然后把最佳实践复制到相关领域，让原本没有做好的员工运用工具和方法，也能把工作做好。改进问题可以分成 4 个步骤，分别是详细分析现状、研究最佳实践、提炼最佳方法和持续推广改进。

改进问题的 4 个步骤

对当前团队所遇问题做详细分析，而不是盲目采取行动。

找到该领域做得最好的那个人或案例，研究这个人或案例为什么做得好，采取了什么方法，秘诀是什么。

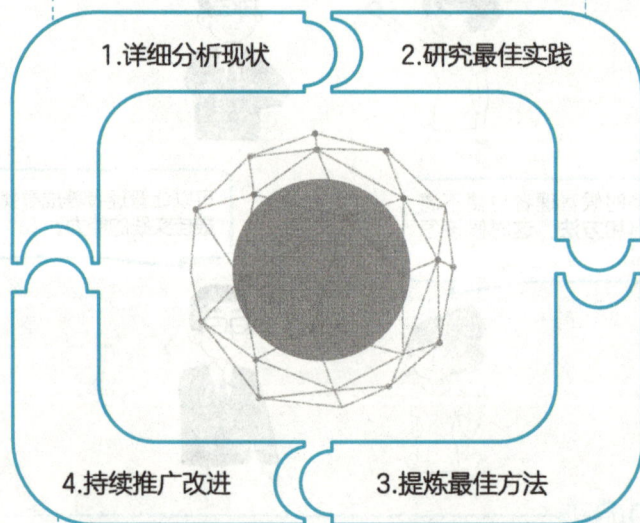

1.详细分析现状

2.研究最佳实践

4.持续推广改进

3.提炼最佳方法

对最佳实践进行广泛推广，过程中遇到问题可以不断修正，以达到最终目标。

把最佳实践中，实施者运用的工作方法和秘诀提炼出来，变成别人学得会的工具或模板。

应用解析

改进问题的 4 点注意事项

能够用数据明确表示出来的问题能够被更精确地把握，应当被优先诊断和处理，而偏主观感受的问题，可以延缓处理。

1
先客观
再主观

2
先环境
再个人

出问题时，多数人第一时间想到的是怎么教育员工，实际上，往往改变环境的成本更低，见效更快，甚至可能会更容易。

经过问题诊断，也许能总结出很多问题要改变，但资源有限，应对问题分类判断，先解决主要、重要的问题，再解决次要、不重要的问题。

3
先主要
再次要

4
先总结
再改进

改进前，一定要先进行诊断总结。参照吉尔伯特行为工程模型的做法，定义问题后，先总结优秀经验，再推广优秀经验予以改进。

小贴士

古尔伯特行为工程模型查找和解决问题的方法是一套通用方法论，不仅适用于任何团队、任何行业、任何问题，应用于团队改善目标问题，还可以应用于生活中任何存在问题的领域。

4.3.3　如何引导员工

🔒 **问题场景**

1　员工做不好不全是因为不会，很多时候也是因为心态有问题。

2　比方说呢?

3　比如员工在失败后觉得难，心灰意冷，选择放弃，这种情况该怎么办?

4　这时候管理者要引导员工，让员工重拾信心。

5　我们的管理者在这方面的能力太欠缺了。

6　所以合格的管理者不仅要能在知识和技能上指导员工，还要在日常沟通中关注员工的心态。

问题拆解

　　对同一件事，心态不同，看法就不同。员工的心态决定了员工的动力。基于一些原因，难免会有员工对工作持消极态度，管理者要关注员工的心态变化，通过沟通和引导，让员工具备积极的态度。

方法与工具

工具介绍

ORID 引导法

对于有行动意愿，但暂时能力较差的员工，管理者可以采取 ORID 引导法。ORID 引导法是管理者引导员工的有效工具。ORID 指事实（O，objective）、感受（R，reflective）、解释（I，interpretive）、决策（D，decision），管理者可以通过对员工采取 ORID 引导法，引导员工做出相应的行为。

ORID 引导法

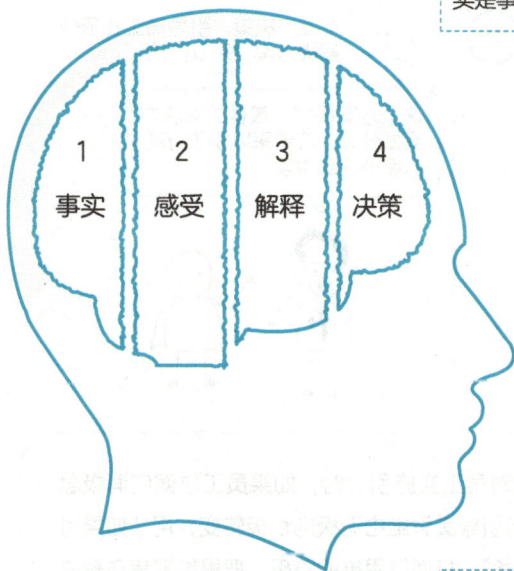

1.事实
事实是客观的，不以人的意志为转移。事实不是观点，不是感受，也不是价值判断。事实是事物原本的属性。

2.感受
感受是人们对某事物的想法、感觉和情绪反应。对某事物，人们头脑中第一时间形成的就是感受。

3.解释
解释与思维模式有关，对同一事物，不同的人有不同的解释框架。管理者要引导员工积极思考，形成积极的解释框架，看到问题背后的方案。

4.决策
决策是人们经过对某事物的思考后，做出的行动决定。决策的质量与事实、感受和解释有很大关系。

应用解析

ORID 引导法实施案例

某员工接到一项工作任务，要在3天内完成一份调研报告。该员工第一时间认为这项工作不可能完成。此时，管理者运用ORID引导法引导员工。

> 要3天内完成这份调研报告，你了解都需要哪些条件吗？

> 不要着急，你对这份报告有什么感受？你联想到了什么？

1.引导观察：引导员工看清完成报告需要哪些条件 ①	② 2.说出感受：引导员工说出此时的感受，找到员工认为的难点
3.多元思考：引导员工寻找可能性，找到难点解决方案 ③	④ 4.做出决策：引导员工找最佳解决方案，采取行动

> 我们一起来找难点试着解决。如果有解决方案，那会是什么，从哪些角度来解决难点？

> 这个方案很好，最佳的解决方案是什么，应该采取哪些行动，有哪些注意事项？

小贴士

　　管理者在运用 ORID 引导法对员工实施引导时，如果员工总偏向消极思维，认为"不可能"，管理者应当引导其思维由消极向积极转变，用"如果可能，应该怎么做"来代替"不可能"，打通其思维的障碍，把思维聚焦在解决方案上，而不是问题、困难或感受上，让员工养成"为行动找方法，不要为不行动找借口"的思维习惯。

05

反馈辅导

💎 本章背景

1 以前听外部培训老师说，要结果导向，管理者要向员工要结果，一切看结果。

2 那显然是不对的。如果真是这样，管理也太容易了，谁都能做管理者。

3 对，这种思想加重了管理者的"秋后算账"意识，平时不管不问，出了问题又找员工麻烦。

4 既然是管理者，就要承担起管理职责，要学会随时和员工沟通，随时反馈，随时辅导。

5 沟通反馈和日常辅导也是领导力特别强调的。

6 没错，员工的执行问题，很多时候源于管理者的领导力。

背景介绍

在目标管理过程中，管理者对员工目标执行情况的反馈和对员工达成目标过程中的辅导必不可少。反馈能让员工快速了解管理者对其目标阶段性执行情况的评价，及时调整员工行为。辅导能帮助员工达成目标。

5.1　目标反馈

反馈，是一种信息呈现形式。管理者针对目标执行情况对员工的反馈是目标管理中必不可少的一环。反馈应当是即时的、充分的、高频的，管理者发现员工任何好的行为、不好的行为，都可以向员工反馈。针对目标执行情况的反馈可以分成正面反馈和负面反馈。

5.1.1 即时反馈

问题场景

1 总觉得我们的管理者在工作上不懂如何与员工相处。

2 具体表现在哪里呢？

3 管理者平时和员工聊生活上的事没问题，但对工作上的事却聊得比较少。

4 管理者在工作上对员工有什么想法，要及时表达出来，给员工反馈。

5 谁说不是呢，可我们的管理者在这方面总是"拉不下脸"。

6 如果平时"拉不下脸"，最后反而很容易"撕破脸"，不如平时有什么就说什么。

问题拆解

目标管理中管理者对员工的反馈是让员工知道管理者就某个问题持什么样的态度，有什么样的想法。上下级之间就工作的交流，如果一方反馈度比较低，另一方很难知道对方在想什么。尤其是面对负面反馈，积攒时间久了再表达，反而会引起员工不满。

方法与工具

高反馈度的语言

语言反馈指的是双方交流时，当一方表达了一种信息后，另一方通过语言做出的反应。反馈的语言可以是声音语言、肢体语言或表情语言。

团队管理者要对员工采用高反馈度语言。与低反馈度的语言相反，高反馈度的语言指的是给予对方信息比较丰富的反馈语言。

交流中，语言反馈非常重要

文件传输中……

70%

剩余时间：2分钟

传输文件过程中，显示的进度条、百分比及剩余时间就是一种反馈。
想象一下，如果没有这些反馈，传输文件的人会不会很焦虑呢？

坐电梯时，显示屏的楼层信息、当前正在向上或向下的信息，也是一种反馈。
想象一下，如果没有这些反馈，等电梯的人会不会很焦虑呢？

语言的分类

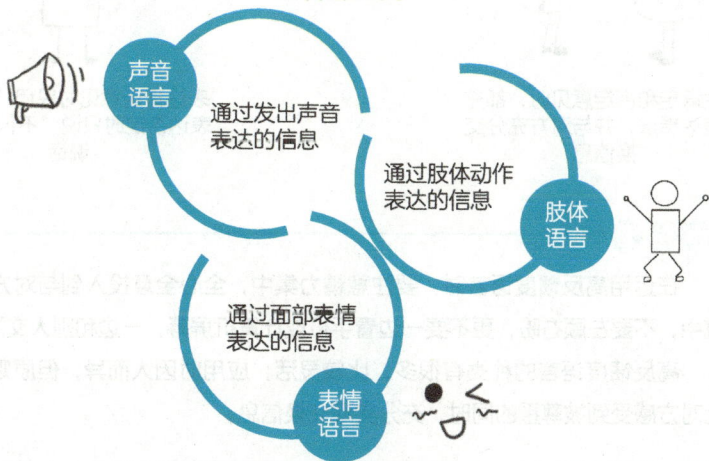

声音语言
通过发出声音表达的信息

通过肢体动作表达的信息
肢体语言

通过面部表情表达的信息

表情语言

应用解析

高反馈度语言和低反馈度语言的差异

面对面直视对方
给对方表达肯定的肢体语言

相互不看对方
肢体语言不知所云或让人疑惑

对比

表情投入，持续点头

神态冷漠，面无表情

表达肯定和否定意见时，都充
分表达想法，并与对方充分交
换信息

表达肯定意见时只用"嗯"，
表达否定时只说"不行"或不
说话

小贴士

在运用高反馈度语言时，要注意精力集中，全心全意投入到与对方的交流中，不要左顾右盼，更不要一边看手机或计算机屏幕，一边和别人交流。

高反馈度语言的种类有很多，比较灵活，应用时因人而异，但原则是要让对方感受到被尊重的同时，充分实现交换信息。

5.1.2 正面反馈

🔒 问题场景

1 听完反馈的作用，看来我要鼓励管理者在员工做得不好时，多批评一下员工。

2 要改变员工行为的话，正面反馈比负面反馈更有效。

3 啊？真的吗？为什么？

4 负面反馈虽然可能不会让员工继续某种不好的行为，但也很难让员工产生好的行为。

5 原来如此，看来我得让管理者养成多做正面反馈，少做负面反馈的习惯。

6 管理者多给员工鼓励，少些埋怨和不满，团队氛围会更和谐。

问题拆解

　　员工做出好的行为，如果马上收获正面反馈，员工能获得满足感，会偏向于再次表现出该行为。改变员工行为最好的办法，是通过正面反馈引导员工做出团队想要的行为。员工做得好，管理者可以多些正面反馈，这样员工会继续表现出团队想要的行为。

方法与工具

工具介绍

正面反馈

正面反馈是管理者对员工行为或成果的肯定。管理者向员工正面反馈什么，员工就会持续表现出什么。如果管理者希望看到员工持续表现出某种行为，可以针对该行为对员工持续实施正面反馈。管理者对员工实施正面反馈是有方法和技巧的，最好的正面反馈时机是在员工刚出现某种行为时。

3个常见的需要正面反馈的时刻

> 一直和大伙儿攻克的难题终于有些进展了！

例如员工表现出努力上进的状态恰好是团队鼓励的，和团队文化、价值观匹配，管理层想看到这种状态。

1.员工表现出团队想要的状态时

> 这个项目我没做好，但我和大伙儿一起坚持到了最后。

例如员工参与某项目以失败告终，但员工在项目中表现出不屈不挠的精神，项目可能失败，却咬牙坚持到最后。

2.员工失败但表现出优秀品质时

> 我把我的工作经验传授给新员工了。

例如老员工主动帮新员工提升能力，解决工作难题，让新员工快速进入工作状态，这类行为有助于团队减少人才培养成本。

3.员工做出有利于团队的行为时

应用解析

实施正面反馈的 4 点注意事项

不要在正面反馈之后立即给予负面反馈。很多管理者在实施正面反馈后，总会说"但是"，很多员工讨厌这种套路，会觉得管理者不是为了正面反馈，而是为了给出负面评价。

不要把正面反馈变成对别人的负面反馈。例如有的管理者对某人实施表扬时，会带上对别人的批评，或者让团队成员都来学习这个人，这样会给被表扬对象很大压力。

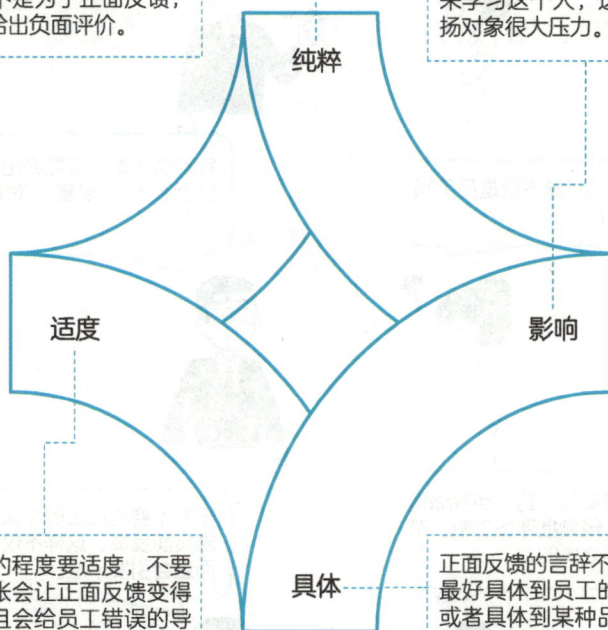

纯粹

适度

影响

正面反馈的程度要适度，不要夸张。夸张会让正面反馈变得虚假，而且会给员工错误的导向。例如有的管理者对员工说"你真是无所不能""没有你这事儿肯定做不成"。

具体

正面反馈的言辞不能过于笼统，最好具体到员工的某个行为，或者具体到某种品质。例如表扬员工"很好""很棒"就不如表扬员工某一次主动帮助同事或某一次的努力付出。

小贴士

　　管理者对员工实施正面反馈时要真诚，不能把这件事当成任务，不能走过场。不然员工体验感会比较差，长期卜去，员工将分不清管理者什么情况是对自己真的肯定，什么情况是虚情假意。管理者发自内心的正面反馈才能引起员工共鸣。

5.1.3 负面反馈

问题场景

1
听了那么多正面反馈的话题，我都觉得不该批评员工了。

2
当然可以实施批评，但在实施负面反馈时，要选择好负面反馈的对象。

3
负面反馈的对象不就是员工吗，还有什么？

4
针对员工本人可能会出问题，负面反馈要尽量"对事不对人"。

5
这么说确实是，这一点我做得也不好，经常批评员工懒、笨、不负责任之类的。

6
千万不要对员工的个人品质实施负面反馈，这样不仅没效果，而且会引发矛盾。

问题拆解

　　管理者在对员工实施负面反馈时，经常会陷入对员工个人品质的评价。任何对员工个人品质的总结都是主观的，这种评价是人为给员工贴负面标签。没有人喜欢被别人贴负面标签，所以这样做很容易让员工产生反感和对抗情绪，打消员工的工作积极性。

方法与工具

工具介绍

负面反馈

负面反馈是管理者对员工不好的行为提出的纠正意见。负面反馈是一种制止或纠正员工行为的方式，对员工带有否定性质，应合理、谨慎地应用。当员工产生团队不希望看到的行为时，管理者可以实施负面反馈，让员工不再产生该行为，但负面反馈在让员工产生团队想要的行为方面，具有一定局限性。

实施负面反馈的 4 个关键

管理者对员工实施的负面反馈要及时，最好在发现问题的当下场景中及时反馈，不要拖延或等待。

管理者实施负面反馈时最好私下进行，不要在公开场合对员工实施负面反馈，要给员工留足面子。

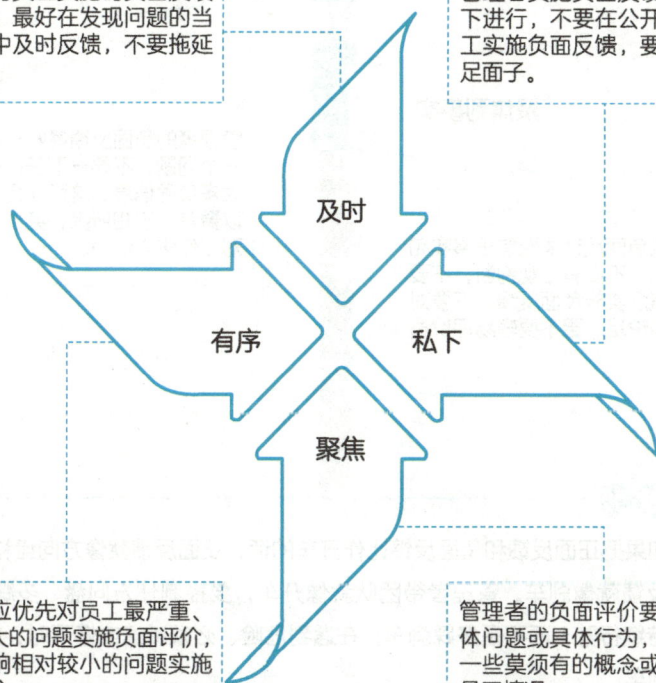

及时

有序   私下

聚焦

管理者应优先对员工最严重、影响最大的问题实施负面评价，再对影响相对较小的问题实施负面评价。

管理者的负面评价要聚焦到具体问题或具体行为，不要评价一些莫须有的概念或主观判断员工情况。

应用解析

实施负面反馈的 4 点注意事项

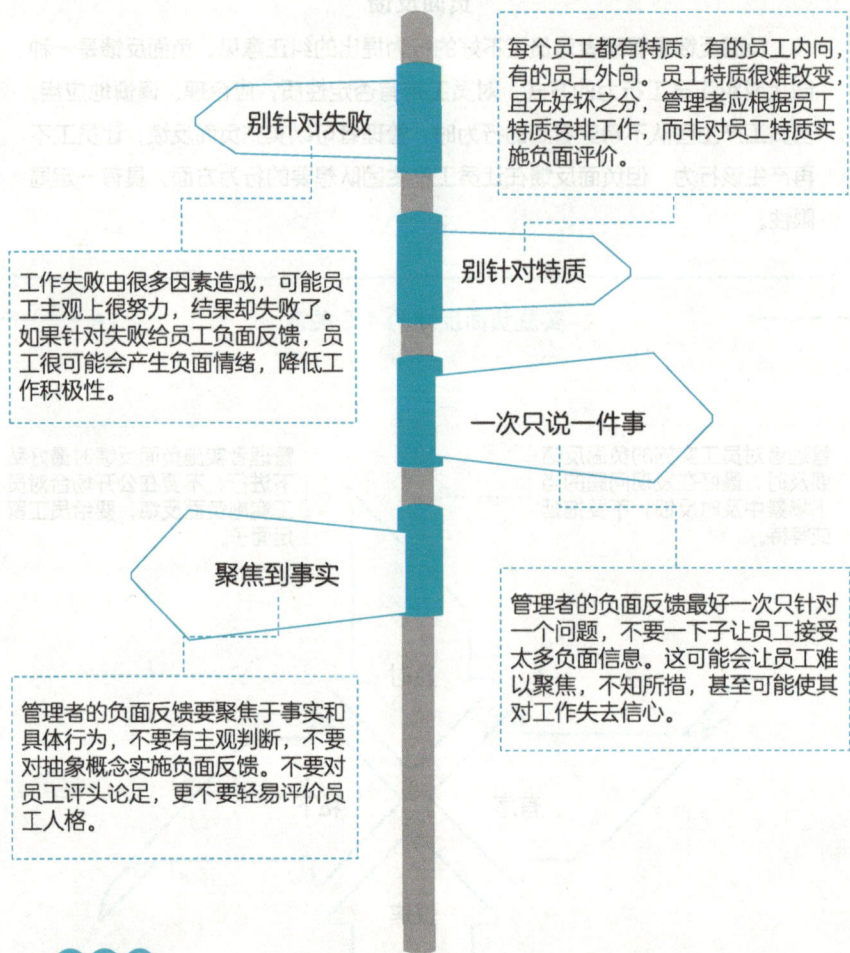

别针对失败

工作失败由很多因素造成，可能员工主观上很努力，结果却失败了。如果针对失败给员工负面反馈，员工很可能会产生负面情绪，降低工作积极性。

别针对特质

每个员工都有特质，有的员工内向，有的员工外向。员工特质很难改变，且无好坏之分，管理者应根据员工特质安排工作，而非对员工特质实施负面评价。

一次只说一件事

管理者的负面反馈最好一次只针对一个问题，不要一下子让员工接受太多负面信息。这可能会让员工难以聚焦，不知所措，甚至可能使其对工作失去信心。

聚焦到事实

管理者的负面反馈要聚焦于事实和具体行为，不要有主观判断，不要对抽象概念实施负面反馈。不要对员工评头论足，更不要轻易评价员工人格。

小贴士

如果把正面反馈和负面反馈比作开车的话，正面反馈就像方向盘和油门，负面反馈就像刹车。管理者带团队就像开车，要控制住方向盘，多踩油门，让车持续行驶，而不是多踩刹车；在遇到危险、必须减速或停下时，才有必要踩刹车。

5.2　目标辅导

目标辅导是管理者和员工就当前目标执行情况，与员工讨论可能存在的问题和障碍，对员工提供工作指导，并与员工一起制定方案、解决问题的过程，是管理者帮助员工共同达成目标或计划的重要方式。

5.2.1 应用逻辑

问题场景

1 当员工能力不足以达成目标时，要组织员工培训吧。

2 实际上，来自管理者的辅导比集中组织的培训更有效。

3 反馈和辅导听起来好像是一个意思，有什么不同吗？

4 反馈和辅导的重心都是沟通，反馈更注重目标执行情况的沟通，辅导更注重员工达成目标能力的沟通。

5 反馈和辅导需要分开做吗？

6 不必分开，实务中，管理者可以就目标执行情况把反馈和辅导一起实施。

NO!

问题拆解

目标辅导和目标反馈既有相似之处又有明显区别，相似之处在于二者都强调沟通的作用，区别在于二者定位有所不同。在应用时，目标辅导不需要和目标反馈泾渭分明，可以在管理者和员工沟通时一起实施。

方法与工具

工具介绍

目标辅导

目标辅导是目标管理的核心环节，目标辅导质量直接决定了目标管理的质量。通过实施目标辅导，能保持管理者和员工间不断地就目标完成情况沟通，保证员工始终明确组织和部门的目标和方向，特别是当组织或部门的战略目标或工作重点发生调整或变化时。

目标辅导对目标执行情况的影响

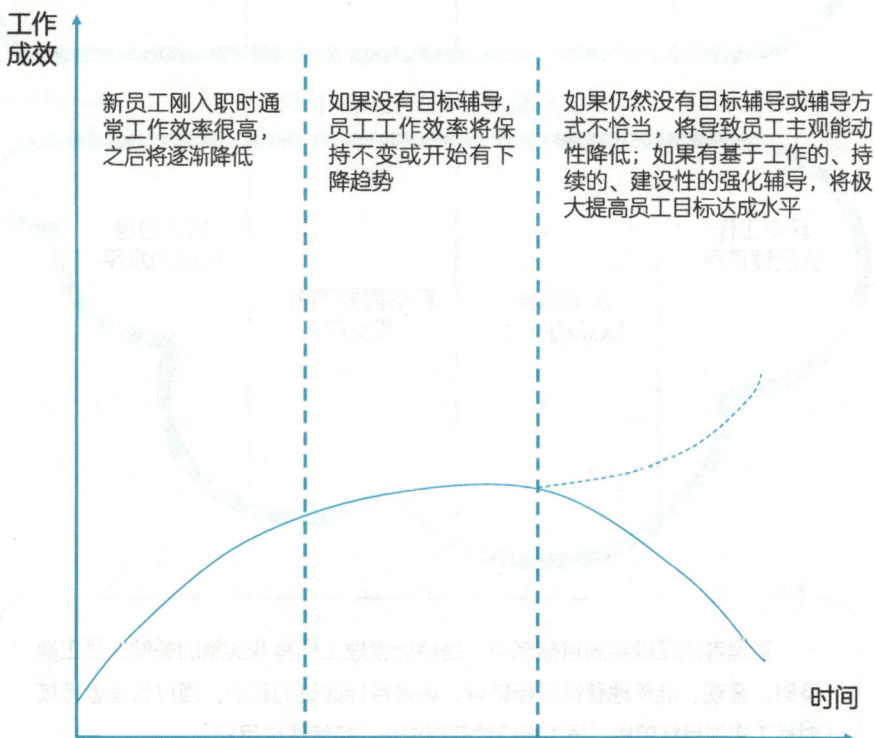

工作成效

新员工刚入职时通常工作效率很高，之后将逐渐降低

如果没有目标辅导，员工工作效率将保持不变或开始有下降趋势

如果仍然没有目标辅导或辅导方式不恰当，将导致员工主观能动性降低；如果有基于工作的、持续的、建设性的强化辅导，将极大提高员工目标达成水平

时间

应用解析

目标辅导给管理者提供的价值

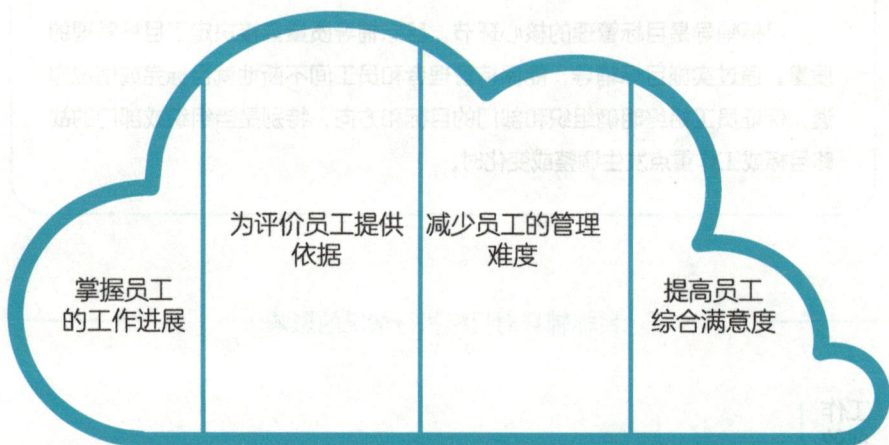

掌握员工的工作进展

为评价员工提供依据

减少员工的管理难度

提高员工综合满意度

目标辅导给员工提供的价值

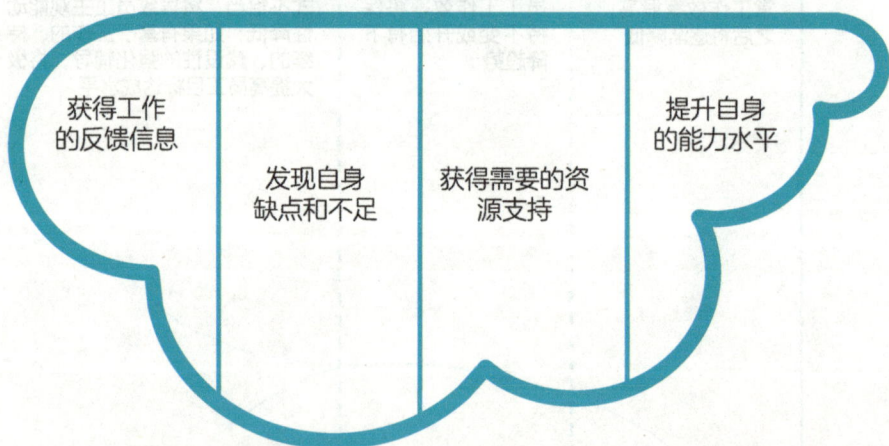

获得工作的反馈信息

发现自身缺点和不足

获得需要的资源支持

提升自身的能力水平

小贴士

　　管理者能正确实施目标辅导，是目标管理工作有效实施的关键。员工能及时、客观、准确地获得目标辅导，将是目标改进的起点。通过管理者持续对员工实施目标辅导，员工将持续获得成长，持续达成目标。

5.2.2　角色职责

问题场景

1
管理者在目标辅导中的定位就是员工的导师吧?

2
管理者在目标辅导中有多个角色,导师是其中一种。与其说是导师,不如更准确地表达为教练。

3
教练和导师有什么不同吗?

4
本质上是一回事,也有些许区别,导师更注重传递思想,教练更注重手把手带着员工做,或启发引导员工做。

5
在应用上有什么不同呢?

6
导师可以由老员工担任,教练一般需要管理者亲自担任。

问题拆解

　　在目标管理中,管理者和员工分别承担着不同的职责,这些职责分别对应着不同的角色。管理者和员工需要各自承担起自身的职责,扮演好自己的角色,目标管理才能有效运行。有一方没有承担起职责,都将造成目标管理以失败告终。

方法与工具

工具介绍

管理者在目标辅导中的3大角色

在目标辅导过程中，根据管理者为员工提供的支持类型，可以把目标辅导分成3个类别，一是为员工提供知识和能力的支持；二是帮助员工矫正行为的支持；三是给予员工职权、人力、物力、财力等资源的支持。基于此，管理者在目标辅导中的角色分工应当包含3点，分别是工作教练、合作伙伴和资源支持。

管理者在目标辅导中的3大角色

当员工出现目标上的偏差时，管理者应帮其纠正。纠正过程以启发为主，培训为辅，启发员工的思路，教会员工知识，锻炼员工技能。

如果员工能很好地履行岗位职责，能按计划和目标有条不紊地开展工作，管理者应放权，尝试放手让员工自我管理，当员工遇到难题时再与其共同解决。

员工因为自身职责和权限的限制，在某些方面可能会有资源调度困难，这时管理者应帮助员工协调并获得开展工作必需的资源，协助其完成目标。

应用解析

管理者在目标辅导中的职责

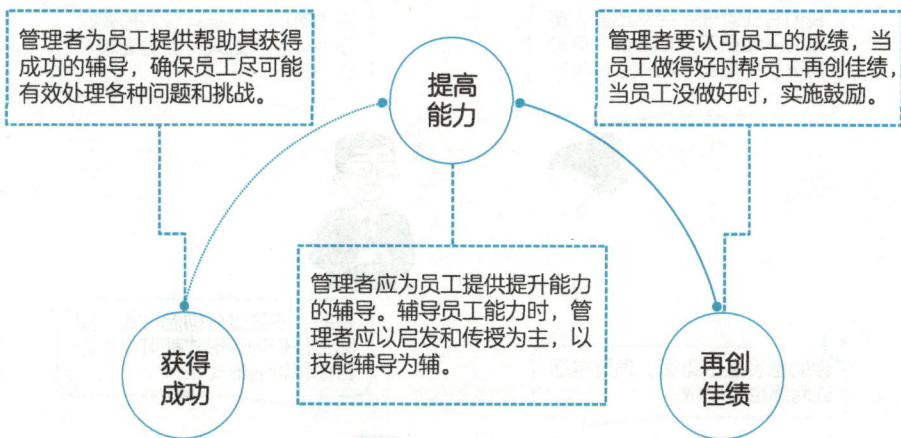

管理者为员工提供帮助其获得成功的辅导，确保员工尽可能有效处理各种问题和挑战。

提高能力

管理者要认可员工的成绩，当员工做得好时帮员工再创佳绩，当员工没做好时，实施鼓励。

获得成功

管理者应为员工提供提升能力的辅导。辅导员工能力时，管理者应以启发和传授为主，以技能辅导为辅。

再创佳绩

员工在目标辅导中的职责

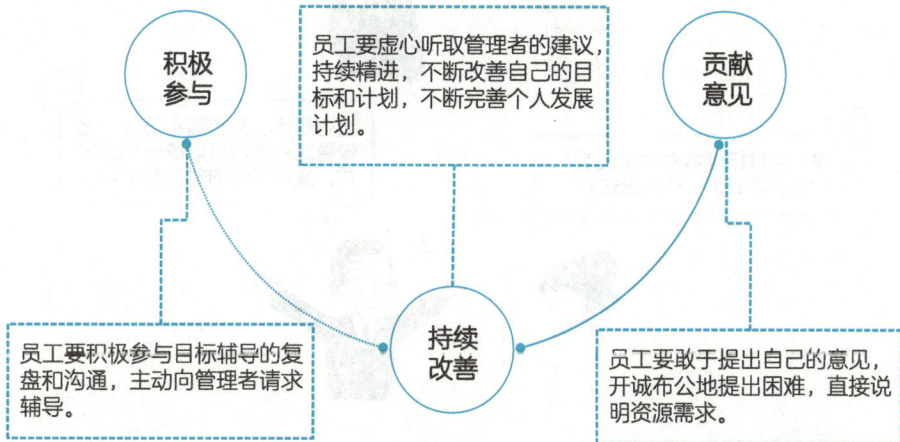

积极参与

员工要虚心听取管理者的建议，持续精进，不断改善自己的目标和计划，不断完善个人发展计划。

贡献意见

员工要积极参与目标辅导的复盘和沟通，主动向管理者请求辅导。

持续改善

员工要敢于提出自己的意见，开诚布公地提出困难，直接说明资源需求。

小贴士

目标辅导的对象是员工，是目标改善的主要实施人，也是目标辅导中的主要角色。员工在目标辅导中承担的职责并不亚于管理者。团队在推行目标辅导时，除了要让管理者明确职责外，也要让员工明确自己的职责。

5.2.3　辅导形式

问题场景

1　我们有些管理者经常出差，多数时间和员工异地办公，这种情况是不是就不能做目标辅导了？

2　同样可以，目标辅导的形式有很多种，不是只有面对面辅导这一种。

3　你的意思是不见面，通过电话或网络也可以做？

4　是的，不要过分拘泥形式，实际上任何沟通形式都可以作为目标辅导的形式。

5　哪一种目标辅导形式最优呢？我需不需要统一规定形式呢？

6　没有最优，只有适不适合。比较稳定的部门可以统一规定形式，变化较大的部门则不必。

问题拆解

　　不同的目标辅导沟通方式有不同的应用场景。目标辅导形式没有绝对的优劣之分，它们分别适用于不同的管理情况、不同的文化背景、不同的关注重点等不同情况的团队，各有优缺点。如果岗位灵活性较大，不必刻意规定辅导的沟通形式。

方法与工具

目标辅导沟通形式

目标辅导可以分为正式沟通和非正式沟通两种。常见的目标辅导的正式沟通方式有书面报告、一对一面谈和会议沟通 3 种方式。常见目标辅导的非正式沟通可以分成走动式管理、开放式办公、非正式会议、非正式交流 4 种方式。

目标辅导的 3 种正式沟通形式

指的是上下级之间通过正式的书面文书的形式进行目标辅导，流程如下：

书面报告　下属形成书面报告 ⇨ 上级对书面报告批示意见 ⇨ 下属针对上级批示意见做调整

指的是上下级之间通过面谈的形式，就工作进展问题，展开一对一的讨论，流程如下：

一对一面谈　上级与下属就面谈准备资料 ⇨ 实施一对一面谈探讨工作进展 ⇨ 沟通下次面谈的时间和内容

指的是上下级之间采取多人会议的形式，对某项工作进展共同探讨，流程如下：

会议沟通　针对会议主题提前准备资料 ⇨ 召开会议讨论工作进展 ⇨ 达成一致意见形成会议纪要

应用解析

面对面辅导沟通的正确座位

管理者和员工应靠着坐,增强亲近感

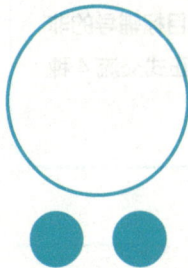

A类

B类

C类

面对面辅导沟通的错误座位

比较不好的坐法,是相对而坐,这样容易让管理者和员工间产生距离感

D类

E类

F类

小贴士

一对一面谈辅导的适用情况包括 4 种:团队的管理文化比较强调隐私性;管理者的时间相对比较充裕;管理者直接管辖的员工量相对比较少,一般在 8 人以内;员工存在的问题较多或比较严重。

5.2.4 应用人群

问题场景

1 目标辅导主要应针对没有达成目标的人吧?

2 并不是,目标达成的员工要辅导,目标没有达成的员工也要辅导。

3 什么?目标达成了的也要辅导?

4 对,不仅目标达成的员工要辅导,目标达成情况较好的员工也要辅导。

5 我没听错吧?目标达成情况好的员工有什么必要辅导呢?

6 因为没有最好,只有更好。通过目标辅导,有可能让其更好。

问题拆解

目标辅导应针对团队所有人实施,而不是团队中个别目标达成不好的员工。只是对不同类型员工实施的辅导侧重有所不同。对目标达成结果不好的员工,应把目标辅导重点放在如何达成目标上;对目标达成结果好的员工,应把目标辅导重点放在如何更好地完成目标。

方法与工具

工具介绍

目标辅导的 4 类人群

目标辅导应对全体员工实施，根据不同员工的目标达成情况、态度情况、能力情况，管理者应采取不同的、有针对性的目标辅导方法。管理者在目标辅导中常见的 4 类人群分别是表现进步者、表现退步者、未尽全力者和新员工，这 4 类人群的目标辅导侧重各有不同。

目标辅导的 4 类人群

为员工提供更多展示自我的机会
提供更多与上级领导接触的机会
提供更多培训学习和深造的机会
提供更多工作授权和冒险的机会
提供更长远职业生涯发展的机会

与员工一起查找并分析问题
发掘员工优劣势是否得到应用
帮助员工设计改进计划和方案
给员工提供更多技能咨询指导
将员工长期存在的问题向上汇报

表现进步者

表现退步者

未尽全力者

新员工

了解未尽全力员工的真实想法
发掘员工曾经的成绩和兴趣
调整员工岗位，使之符合其兴趣
发现员工的困难障碍帮其克服
给员工更多即时反馈和鼓励

不过分苛责新员工的目标结果
了解新员工存在哪些技能缺陷
重点放在新员工的学习成长上
监督和促进新员工的学习成长
和新员工一起设计其发展规划

应用解析

3类人群目标辅导应对策略

这类员工具备内升动力，业绩不会太差，自我评估偏向正面居多。容易有自大情绪，看不到自身缺点或不足，听不进别人劝告，可能会忽视目标改进计划。应鼓励其上进，不要泼凉水、打击其积极性，要充分肯定其贡献。

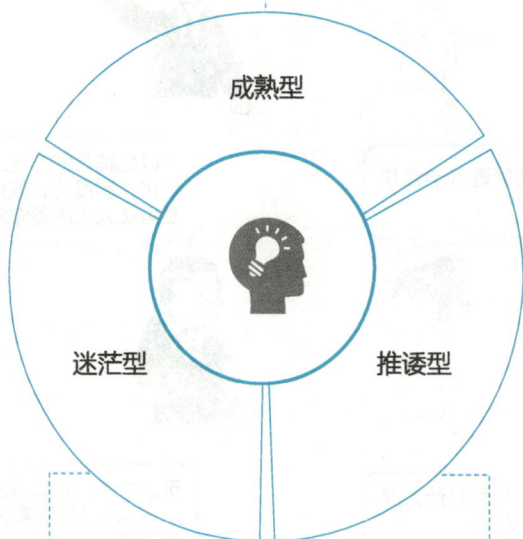

成熟型

迷茫型

推诿型

这类员工没有想法或主见，随大流，话不多，喜欢被动接受而非主动思考。要给予尊重，耐心启发其思想，引导其主动思考或做出积极反馈，也可以直截了当说重点，让其接受命令。

这类员工常自以为是，胡搅蛮缠，把自己的问题全推给同事或环境，不愿别人指出问题，不愿改变。要耐心倾听，有问题不要急于辩论和反驳，应开诚布公，引导其意识到自身不足。

小贴士

针对不同员工的特点，管理者应采取不同的目标辅导策略。但需要注意，策略是技巧，而非灵魂。管理者真诚的态度才是目标辅导的灵魂。不论对哪类员工，管理者都要真诚对待，运用共情，将心比心。

5.2.5　实施方法

问题场景

1 目标辅导虽好，但我担心我们的管理者学不会呀。

2 目标辅导和目标管理一样，是一项技能，需要培训管理者，让管理者具备这项技能。

3 如何最快速地让管理者学会并做好目标辅导呢？

4 可以把辅导的方法工具化、流程化、制度化，教给管理者，然后让大家照着做就好了。

5 管理者实施目标辅导有什么简单易学的方法吗？

6 可以参考目标辅导的6个步骤，按照这6个步骤实施，通常就不会错。

问题拆解

　　让管理工作既可以简单实施，又易于传播学习，还能保证在一定框架内不变形的最好方法是将管理工作工具化，总结成标准的方法论。有了标准化的工具和方法论，也便于团队评价管理者是否掌握目标辅导技能，实施的目标辅导是否有问题。

方法与工具

工具介绍

目标辅导的 6 个步骤

目标辅导有通用的流程，管理者在实施目标辅导时，可以参考 6 个步骤，分别是发现问题、描述行为、积极反馈、达成共识、鼓励结尾和形成记录。管理者只需要按照这 6 个步骤实施目标辅导，就能保证目标辅导工作的完整性，避免出现纰漏。

目标辅导的 6 个步骤

管理者要建立良好的沟通氛围，说明目标辅导的目的。要了解员工目标进展情况、工作情况、态度情况，有意识地观察发现员工存在的问题。

管理者要描述员工的具体行为，而不是直接总结和推论。要解释这个行为对目标可能产生的影响，让员工自我分析，表达心声。

管理者要积极地、真诚地、具体地表扬员工的行为，让员工感受到被认可，必要时，可以嘉奖员工表现积极的行为。

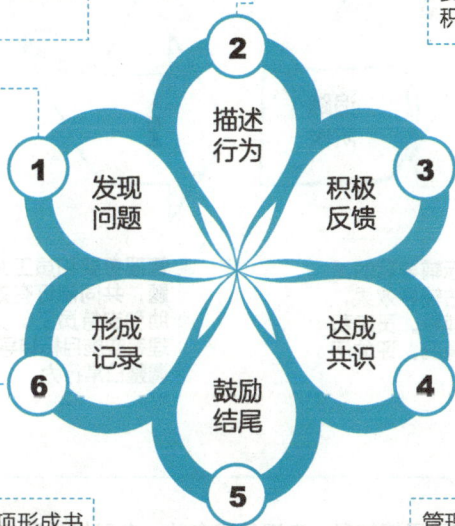

1 发现问题
2 描述行为
3 积极反馈
4 达成共识
5 鼓励结尾
6 形成记录

谈话最后对重要事项形成书面记录备忘，写清楚双方都认同的事情、具体的行动计划、改进措施及还有哪些未达成一致的事项。

在谈话的结束，管理者要着眼于未来，给员工一定的鼓励、支持或帮助，并规划正面的结果，让谈话以鼓励的话结尾。

管理者要与员工确认需要改善的工作内容、需要提高的知识和技能、需要给予的资源和支持，并最终与员工达成一致。

应用解析

目标辅导的 3 个阶段

管理者要多收集信息，了解员工的优点和缺点，完成对员工的评价。提前预测员工可能出现的反应、可能存在的误解，为沟通提前做好准备工作。选择时间和地点，通知员工。

员工要收集和分析自身目标达成情况，提前做自我评价，查找自身问题，思考需要获得哪些帮助。

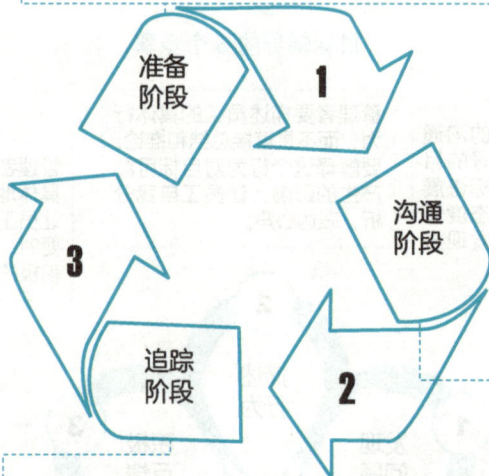

准备阶段 **1**

沟通阶段 **2**

3 追踪阶段

管理者要定期跟踪目标辅导后的工作进展情况，定期评估辅导效果，视情况持续实施目标辅导。员工积极提供工作计划进展情况，评估问题，思考原因和方案。

管理者要和员工共同讨论和查找问题，共同制订有效的行动计划，帮助和支持员工。员工要积极配合管理者实施目标辅导，发现自身问题，调整日常行为。

小贴士

　　没有沟通就不是目标辅导，沟通是双向的。在目标辅导中，管理者应就重要事件和员工进行定期和不定期沟通，持续不断地辅导员工，持续改进，同时根据情况需要采取正式或非正式的沟通方式。员工也要积极主动配合管理者的辅导。

5.2.6　传授激励

🔒 **问题场景**

1 有的管理者是茶壶里煮饺子，肚子里有东西却不会教给员工。

2 这个正常，把自己掌握的知识教会别人本身也是一项技能，很少有人天生就会，可以通过后天培养。

3 如何培养这方面的技能呢?

4 同样可以通过工具和方法论来实施，管理者学会之后按照这个来做就行。

5 大部分是管理者的问题，也有个别时候是员工的问题。员工比较消极，不愿行动。

6 遇到这种情况，在传授技能时，管理者还要学会激励员工行动。

问题拆解

传授别人技能本身就是一项技能，这项技能也需要刻意学习。团队在培养管理者时，要把如何传授员工技能作为一项必修课，或使之成为评价管理者是否合格的一项重要依据。为提高员工的学习积极性，管理者还要学会通过激励引导员工行动。

方法与工具

工具介绍

传授技能的 6 个步骤

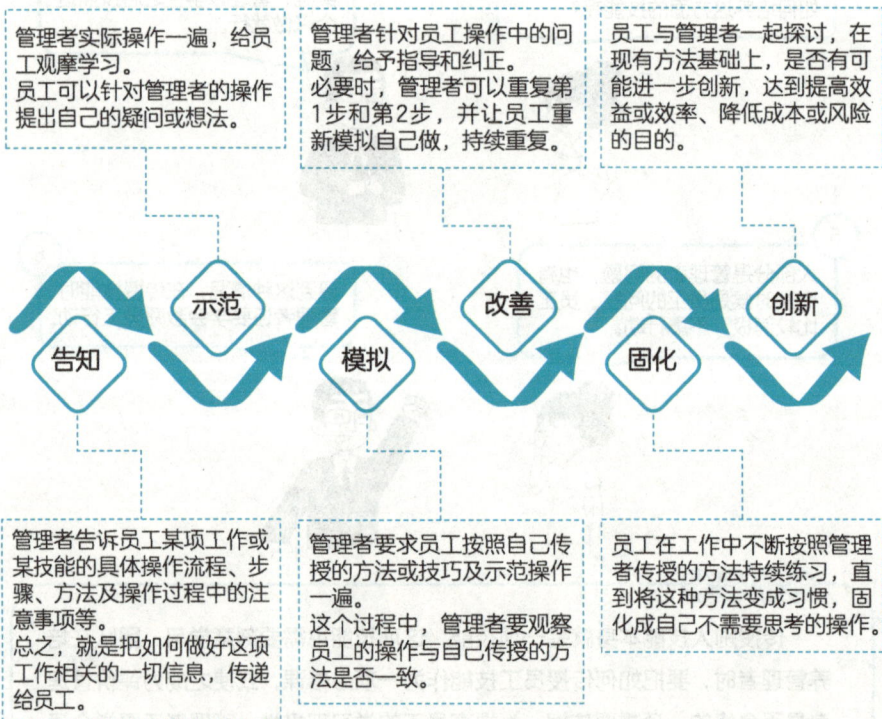

　　不是每个管理者都懂得如何向员工传授技能。许多管理者做事情非常出色，但要教别人时却不知道从何入手。要有效向员工传授技能，管理者可以采取 6 个步骤，分别是告知、示范、模拟、改善、固化、创新。

传授技能的 6 个步骤

管理者实际操作一遍，给员工观摩学习。
员工可以针对管理者的操作提出自己的疑问或想法。

管理者针对员工操作中的问题，给予指导和纠正。
必要时，管理者可以重复第1步和第2步，并让员工重新模拟自己做，持续重复。

员工与管理者一起探讨，在现有方法基础上，是否有可能进一步创新，达到提高效益或效率、降低成本或风险的目的。

告知　示范　模拟　改善　固化　创新

管理者告诉员工某项工作或某技能的具体操作流程、步骤、方法及操作过程中的注意事项等。
总之，就是把如何做好这项工作相关的一切信息，传递给员工。

管理者要求员工按照自己传授的方法或技巧及示范操作一遍。
这个过程中，管理者要观察员工的操作与自己传授的方法是否一致。

员工在工作中不断按照管理者传授的方法持续练习，直到将这种方法变成习惯，固化成自己不需要思考的操作。

应用解析

管理者激励员工的 4 个关键

管理者要明确向员工传达期望，要确保员工理解期望的具体行为，明确能为员工带来的好处，以及如果不执行可能要为此承担的后果等。

管理者要客观持续评价员工目标的达成结果，要以事实为依据，而非主观判断。要评价员工多大程度上表现出了期望，进展是否顺利。

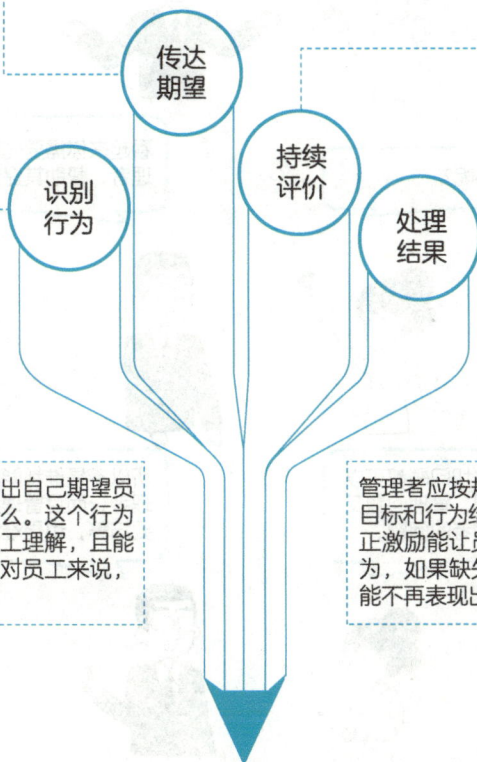

传达期望

持续评价

识别行为

处理结果

管理者首先要识别出自己期望员工做到的行为是什么。这个行为要具体，能够被员工理解，且能客观判断和测量，对员工来说，是有意义的。

管理者应按规则及时处理员工的目标和行为结果。多应用正激励，正激励能让员工持续保持某类行为，如果缺失正激励，员工很可能不再表现出该行为。

小贴士

　　人们的行为来源于行为动机，行为动机来自大脑复杂的过程，并不会因为别人简单地说教或指挥而发生变化。管理者激励员工采取行动需要一定技巧，不能只靠自己拥有的权利简单地对员工提要求。

5.2.7 实施技巧

问题场景

1 有的管理者和员工在沟通上有问题，我真担心这些管理者就算掌握了工具方法，也还是做不好目标辅导。

2 确实，如果管理者和员工的沟通有问题，目标辅导必然会出问题。

3 这种情况怎么办呢？

4 看起来你需要先辅导这部分管理者，帮助其提升沟通技巧。

5 我发现团队中一切问题都可以归结为管理问题，管理问题又可以归结为管理者的问题。

6 所以不是谁都能成为合格的管理者，而且管理者比员工更需要培养，也更难培养。

问题拆解

　　管理者的沟通能力是目标辅导能否有效实施的必要条件。学会利用一些技巧，管理者在实施目标辅导时能事半功倍。管理者在目标辅导中经常能用到的技巧包括营造谈话氛围的技巧和谈话过程中有效倾听的技巧。

方法与工具

工具介绍

营造氛围的技巧

管理者对员工实施目标辅导时，沟通交流的氛围至关重要。好的沟通交流氛围能让员工更容易接受到管理者的信息，而紧张、压抑等不好的氛围会让员工感受到压力，不利于管理者和员工双方对信息的传递和接收。

管理者营造氛围的 4 个技巧

管理者要把营造沟通氛围的功夫做在平时，而不是只在目标辅导时才重视。一个平时对员工不闻不问或呼来喝去的管理者，不论怎么做，目标辅导时都不会有好的沟通氛围。

管理者与员工实施目标辅导时的谈话环境最好选择安静、明亮的房间。双方谈话过程中最好不要有任何电话、访客或者噪声的干扰。

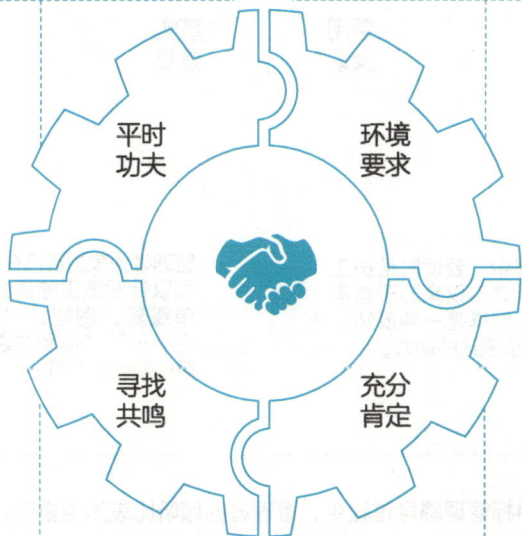

平时
功夫

环境
要求

寻找
共鸣

充分
肯定

对员工表达的事项，管理者可以先表示自己的认同和理解，表达自己对该事件的想法和员工是相同的，为接下来的有效沟通提供保障。

许多不好的谈话氛围源于管理者一开场对员工的批评。管理者要学会发现员工的闪光点，发现员工做得好的部分，不要吝啬表达出来。

应用解析

有效倾听的 4 个技巧

管理者可以通过非语言行为，比如友好的表情、眼神的接触、时不时的点头、身体自然放松、身体稍微前倾等，让员工感受到管理者对谈话存在兴趣。

在员工把全部话讲完前，管理者不要急着做出评判或纠正，也不要轻易发表观点，要认真把对方的话听完，认真体会和理解员工想表达的观点后再回应。

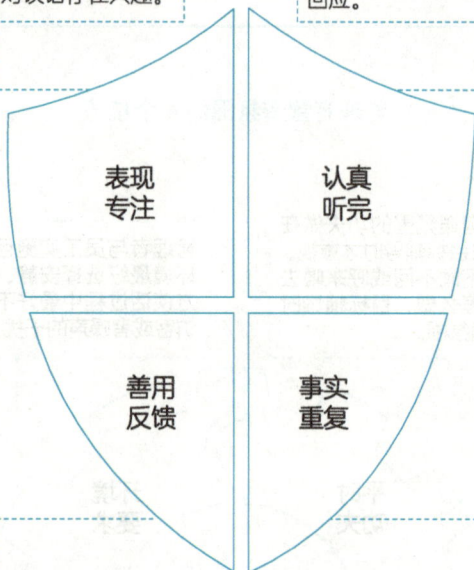

表现专注

认真听完

善用反馈

事实重复

管理者在倾听过程中，要适时给员工一些简单反馈，反馈不仅来源于言语上的表现，行动上同样是一种反馈，反馈能增加员工继续表达的动力。

管理者为表达自己在认真听员工的话，可以针对员工陈述的事实或观点做简单重复。例如，"我注意到你刚才说……""你刚才说的是……，我理解的对吗？"等。

小贴士

在整个目标管理辅导过程中，管理者的倾听比表达更重要。认真倾听是体现管理者对员工充分尊重的一种方式。管理者如果不会倾听，目标辅导很可能会演变成一种管理者单向的指示或命令，让目标辅导成了管理者的独角戏。

06

目标评价

◇ 本章背景

1 有些部门业绩关联度弱，这种情况目标评价要怎么做呢？

2 这些部门服务谁，就应当和谁有业绩关联。

3 我们之前经常出现定好的目标不知道如何评价的情况。

4 实际上在设置目标时，就应当想到如何评价目标。

5 那应当如何科学有效地评价目标达成情况呢？

6 在目标评价中，侧重量化/非量化、主观/客观、过程/结果，分别有不同的评价方法。

背景介绍

　　目标评价始于设计目标，不同类型的目标可以有不同的评价方法。目标评价方法没有好坏之分，只有相对合适或不合适。目标评价不仅是为了区分出员工的优劣，还是为了查找问题，帮助员工精进。

6.1 目标评价方法

常见的目标评价方法有 7 种，分别是关键事件法、行为锚定法、行为观察法、加权选择法、强制排序法、强制分布法和 360 度评估法。这 7 种方法在侧重量化 / 非量化、主观 / 客观、过程 / 结果方面各有不同。

6.1.1 关键事件法

🔒 问题场景

1 团队里有些工作比较难量化的岗位，怎么做目标评价呢？

2 这类岗位有没有比较明确的工作流程或行为标准？

3 大部分都有。

4 这种情况可以运用关键事件法。

5 什么是关键事件法？

6 简言之，就是管理者对员工日常工作的关键行为或关键事件做评价。

问题拆解

　　岗位职责对应的工作成果较难量化，但工作流程和工作行为标准相对明确的岗位适合运用关键事件法做目标评价。关键事件法可以为员工提供明确信息，让员工知道自己哪方面做得较好，哪方面有进步空间。这种方法不仅能获得岗位的静态情况，也能获得动态情况。

方法与工具

工具介绍

关键事件法

关键事件法是管理者以员工的行为和关键事件做依据实施的目标评价方法，是一种非量化、客观、针对过程的方法。

关键事件法需要认定员工为完成职责需要实施的相关行为，并且选择那些最重要、最关键的行为作为记录并评判其结果。

应用关键事件法时，一般是管理者收集员工的关键行为。通过对关键行为中最成功、最有效的事件和最失败、最无效的事件进行分析和评价，由管理者和员工进行面谈讨论后，做出评价。

实施关键事件法的 4 个步骤

识别关键事件对管理者有比较高的专业要求，如果管理者对岗位了解不深，或经验较浅，很难在短时间识别出岗位的关键事件。

记录关键事件的信息包括关键事件的前提条件，背景和过程，发生的直接或间接原因，具体行为表现，发生后的结果，员工控制关键事件的能力等。

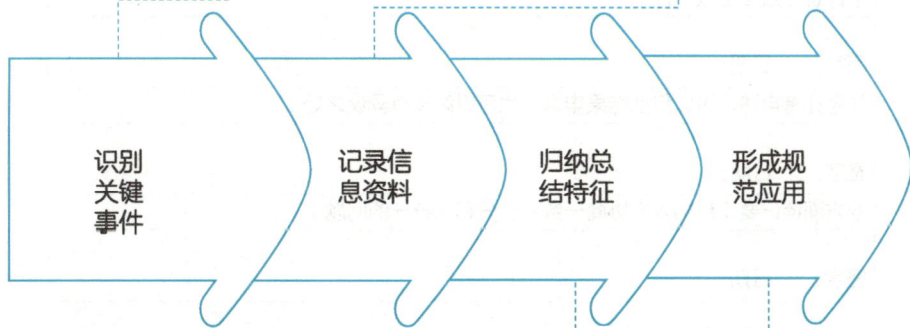

| 识别关键事件 | 记录信息资料 | 归纳总结特征 | 形成规范应用 |

汇总关键事件分析和设计过程中的所有资料后，分析小组可以归纳和总结出这个岗位的主要特征、具体的行为控制要求和需要的具体行为表现。

团队可以根据归纳总结后各岗位的关键事件情况，在相关岗位推行关键事件评价方法，可以要求管理者在目标评价周期内形成关键事件评估结果。

应用解析

关键事件法应用案例

美国通用汽车公司（GM，General Motors Corporation）在1955时开始运用关键事件法对员工做评价。GM公司首先成立了评价委员会，专门领导和实施员工评价工作，要求生产一线的管理人员，针对下属的关键事件做描述。

GM公司通过关键事件评价方法，获得了良好的效果。各岗位员工的有效行为越来越多，无效行为越来越少，公司的管理效益上升快速。

某公司学习GM公司的关键事件法，固化了管理者对下属的关键行为记录样表，形成固定的结构化模板。

姓名	员工编号	部门名称	岗位名称

员工的有效行为

员工的无效行为

管理者为改变员工的无效行为都采取了哪些措施？

考评者（直属上级）评语
签字：　　日期：

被考评者自述（可以包括结果申诉，也可以解释有异议之处）
签字：　　日期：

双方面谈记要（包括双方协商一致的部分和未统一的问题）
签字：　　日期：

小贴士

应用关键事件法时需注意：

1. 该方法的可靠性和准确性在一定程度上考验评价者和被评价者的文字功底。

2. 考评过程可能需要花费评价者和被评价者大量的时间和精力总结形成文字。

3. 该方法依然解决不了评价的主观性，评价结果仍然受评价者主观因素影响。

6.1.2 行为锚定法

问题场景

1 关键事件法可能出现的行为和关键事件天马行空，记录起来工作量大，我们的管理者可能较难接受。

2 要用好关键事件法，确实对管理者要求比较高。

3 而且关键事件法不量化，感觉评价后的结果不知道该怎么用。

4 关键事件法重在对员工行为过程的修正，如果要追求对行为结果的评价，可以用行为锚定法。

5 行为锚定法可以实现量化评价吗？

6 是的，行为锚定法通过对行为定义出等级或分数，实现量化评价，而且可以对评价结果进一步应用。

问题拆解

行为可以定性评价，也可以定量评价。定性评价通常是评价行为过程，对评价者的要求较高，管理成本也相对较高。定量评价是评价行为结果，对评价者的要求相对较低，管理成本也相对较低。行为锚定法就是一种定量评价行为的方法。

方法与工具

工具介绍

行为锚定法

行为锚定法也叫行为定位法、行为定位等级法或行为决定性等级量表法，是一种量化、客观、针对结果的方法。这种方法将同一职务可能发生的各种典型行为进行分析、度量和分级之后，建立一个行为锚定评分表，并以此为依据，对员工行为进行分级评价。行为锚定法适用于对强调行为表现成果的岗位实施评价。

实施行为锚定法的 4 个步骤

在制订某一岗位的行为锚定评价前，首先要通过分析该岗位，确定关键事件。并对关键事件结果形成目标评价维度，根据重要性，对各维度划分占比。

确定关键事件

1

建立评价等级

2

对关键事件的最优秀行为和最差行为进行客观的描述，根据描述将关键事件划分成不同等级。常见的等级划分为5个左右，一般不超过8个。

建立行为锚定法的评价体系。确定评价周期、评价人、评价用途、员工指导与培训、薪酬匹配等各项工作的支持与配合。

4

建立评价体系

3

验证评价标准

将初步完成的行为锚定评价表与对该工作理解较深的人沟通，验证评价表中各评价项占比、定义、等级、描述及打分的合理性，并提前测试。

应用解析

行为锚定法应用案例

某公司对营销策划部策划文案岗位进行方案设计工作方面的评价，采用的是行为锚定等级法，经过对该岗位的调研和评估，制定该岗位方案设计工作的评分表。

评价维度	占比	定义	评价等级		对应得分
方案可行性	40%	方案设计合理，具有可操作性，与案例结合，将所学内容运用其中	1	方案设计合理，与案例充分结合，具有很强的可操作性，将所学内容运用其中	40
			2	设计方案合理，与案例充分结合，将所学内容运用其中	35
			3	设计方案合理，与案例结合，所学内容部分运用其中	30
			4	方案设计与案例结合	25
			5	方案设计与案例有部分联系，将所学内容部分运用其中	20
			6	方案设计与案例有部分联系，但没有将所学内容运用其中	15
			7	方案设计与案例完全没有关联，完全主观臆造	10
方案创新性	30%	方案内容完整准确，形式新颖，具有创造性	1	内容完整、丰富，完全满足要求，形式美观新颖，极具自主创造性	40
			2	内容完整、丰富，完全满足要求，形式美观新颖，但创造力不足	35
			3	内容完整、丰富，完全满足要求，形式美观	30
			4	内容完整，完全满足要求，形式普通	25
			5	方案内容完整，满足基本要求	20
			6	方案内容基本满足要求	15
			7	方案内容基本不满足作业要求	10
方案清晰性	30%	方案整体结构清晰，层次分明，重点突出	1	设计的方案整体结构清晰明了，重点突出，层次分明，一目了然	30
			2	方案设计结构清晰，层次结构分明，重点基本突出	25
			3	方案整体结构明了，层次分明，重点不够突出	20
			4	方案整体结构基本明了，层次分明，找不到重点	15
			5	方案整体结构基本明了，但看不出基本层次结构	10
			6	能看到方案的整体结构	5
			7	设计方案杂乱无章	0

小贴士

　　在实际应用行为锚定法时，有人认为行为锚定等级设置数量较多并不会对实际评价效果带来好处，反而会令评价的设计和实际操作环节变得复杂，管理成本提高。所以很多团队实际应用行为锚定法时，对等级的设计控制在5个左右。

6.1.3 行为观察法

问题场景

1 行为锚定法虽然解决了关键事件法的问题，但会不会太注重结果，忽略了过程？

2 确实，行为锚定法更注重对行为结果的评价，关键事件法更注重对行为过程的评价。

3 我感觉管理者还是要注重员工的行为过程，不然可能又陷入秋后算账模式。

4 没错，管理者平时要多观察员工的行为，而不是只盯着行为结果。

5 有没有既可以实现量化，又注重对行为过程评价的方法呢？

6 有的，行为观察法就是这样一种评价方法。

问题拆解

关键事件法、行为锚定法和行为观察法都是针对员工行为的评价方法。其中，行为观察法既可以针对行为过程，也可以针对行为结果，还可以实现量化评价。一般来说，针对员工行为的评价，过程大于结果。

方法与工具

工具介绍

行为观察法

行为观察法也叫行为观察量表法或观察评价法，是一种量化、可主观可客观、可针对过程也可以针对结果的方法。与行为锚定法不同的是，行为观察法不是确定某员工行为处在哪种水平，而是确定员工行为出现的概率。这种方法通常是管理者根据员工某行为出现的频率或次数对员工打分。

实施行为观察法的 4 个步骤

聚焦该岗位的关键事件，将关键事件归纳成具体的行为标准。行为标准本身的划分要内容清晰，要区分清楚成功或不成功的行为。

根据对关键行为的归纳，形成观察量表。行为观察法中用到的量表与行为锚定法中的量表原理有一定类似，但是结构有所不同。

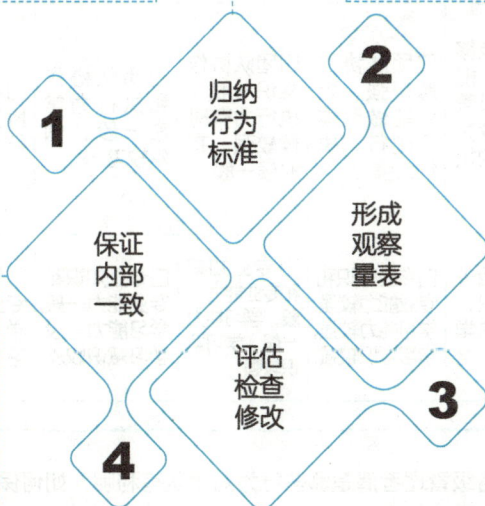

1 归纳行为标准

2 形成观察量表

保证内部一致

评估检查修改

3

4

在对某类岗位应用行为观察法前，要保证该岗位的所有人能适应该量表，同时保证评价人的评价标准具有一致性。

对行为观察评价量表做进一步评估、检查、分析和改进，判断该量表在同类岗位中的适用性和适应性。

应用解析

行为观察法应用案例

某产品销售公司销售专员岗位除了对业绩有要求外，对日常管理行为同样有一定要求。该公司对销售专员岗位的行为观察表如下表所示：

行为评价项	含义	5分	3分	1分	0分	权重
合同规范	保证所有业务签署的合同遵守公司时间性、完整性的规范	□完全能够按期提交合同，且销售合同完全符合公司规定	□存在逾期提交合同情况，但能够积极配合，及时挽回，合同符合公司规定	□存在逾期提交合同情况，且存在合同不符合公司规定的情况，但愿意配合改正	□存在逾期提交合同情况，且存在合同不符合公司规定的情况，且不愿意改正	25%
市场信息搜集	了解同行业或竞业的具体情况，及时、准确地搜集和反馈市场信息	□熟悉外部市场情况，经常能够为公司搜集有价值的信息	□基本了解市场信息，偶尔能够为公司提供有价值的信息	□对市场了解情况一般，基本不能为公司提供有价值的信息	□对市场信息不了解，无搜集市场信息的概念和意识	30%
团队协作	在团队内能够彼此协作，能够遵守上级管理者的指令并具备较好的执行力	□团队协作意识强，始终能做到得令则行，执行力强	□团队协作意识一般，执行力有时候较强，有时候一般	□团队协作和执行力常常一般，偶尔较差	□不具备团队协作意识，执行力经常较差	25%
专业学习	具备销售相关的专业知识，具备一定的学习能力	□专业知识和专业能力较强，学习能力较强，学习意识较强	□专业知识和专业能力一般，学习能力一般，学习意识较强	□专业知识和专业能力一般，学习能力一般，学习意识较差	□专业知识和专业能力较差，学习能力和学习意识较差	20%

小贴士

如何保证各级管理者清楚哪些行为对团队有利呢？如何保证这些行为真的对团队有利呢？如何定义这些行为的分值呢？可以由决策层、高管和专家团队成立评价小组，召开评审会议，对行为观察量表进行评估、分析和修改。

6.1.4 加权选择法

问题场景

1 很多新晋管理者短时间内很难掌握目标评价要领，短期内予以培训也无济于事。

2 这种情况可以让目标评价方法尽量简单易操作，便于快速执行。

3 有没有聚焦员工行为，又便于管理者快速掌握和操作的方法呢？

4 有的，加权选择法就是这样一种目标评价方法。

5 当管理者管理的员工数量较多，很难做到评价精细化的时候也可以用这个方法吗？

6 可以的，加权选择法特别适合用来做检查式的评价。

问题拆解

设计加权选择法比前三种行为评价方法更复杂，但对评价人来说，评价的过程较简单。加权选择法适合管理者不具备客观评价员工的能力或管理者管理员工人数较多，需要通过检查实施评价的情况。

方法与工具

加权选择法

加权选择法，又被称为加权选择量表法，同样是一种通过观察客观行为进行量化评价的方法，是一种量化、客观、可针对过程也可以针对结果的方法。

加权选择法通过一系列描述性或形容性语句，说明员工各种具体的工作行为和表现，并对每一项进行多等级评分赋值。行为表现越好、越是团队希望看到的，等级评分越高。行为表现越差、越是公司不希望看到的，等级评分越低。

实施加权选择法的操作步骤

进行工作岗位的调查、评价和分析，采集该岗位的有效行为和无效行为，或期望看到的行为和不期望看到的行为，简单明了描述出行为特征表现。

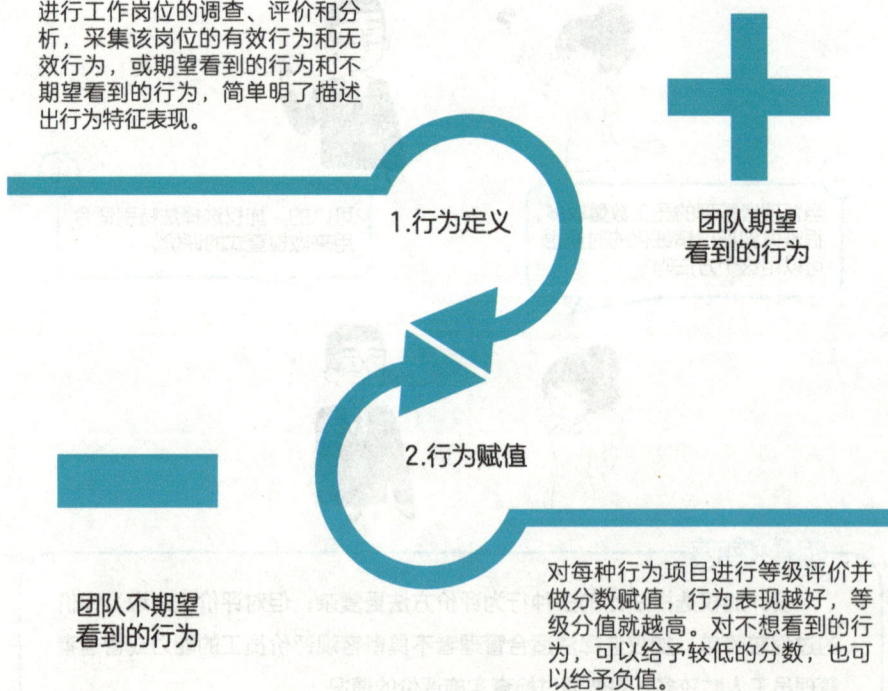

1.行为定义

团队期望
看到的行为

2.行为赋值

团队不期望
看到的行为

对每种行为项目进行等级评价并做分数赋值，行为表现越好，等级分值就越高。对不想看到的行为，可以给予较低的分数，也可以给予负值。

应用解析

加权选择法应用案例

某公司对连锁面包直营店店长实施加权选择法的行为量表的一部分如下表所示:

类别	评价项目	分值	是否存在该行为
团队期望看到的行为	产品总是保持较高质量	8.4	
	产品的准备和烘焙工作经常持续到午夜12:00之后甚至更晚	8.2	
	店长会定期对所有产品进行抽样检查	8	
	员工们喜欢和店长一起工作	7.6	
	对所有产品,店长都能够准确地进行成本核算	7.2	
	店长会定期购买一些竞争对手的产品回店里分析研究	6.8	
	店长会组织店里的店员进行技能比赛或技能测试	6.4	
	店长关注员工成长,能够检查和指导店内员工技能	6.4	
	店长加入了至少一个行业协会	6	
	店长组织了一次以上有效的面包配方的改良	5.8	
	店长喜欢与顾客交流,建立顾客关系	5.4	
	门店保持卫生整洁	5	
	商品陈列总是内容丰满,布局合理	4.5	
团队不期望看到的行为	门店偶尔会有卫生问题	-2	
	门店陈列的商品偶尔会出现问题	-2	
	工作报告经常是不准确的	-2	
	店长对员工总是有过高的期望值	-2.5	
	不知道如何做经营分析	-2.5	
	店内设备出问题时,不主动修理	-2.5	
	店长的工作职责总是不能充分履行	-3	
	店长在订货方面经常考虑不周全	-3	
	店里的某种商品经常出现异常的损耗或积压	-3	
	日常管理过于自我,没有大局意识	-3.5	
	常常没有缘由地指责员工	-4	
	总是抱怨员工,自己却不做出努力	-4.5	

小贴士

通过行为评价量表,能鼓励那些没有展现出团队期望看到的行为的人朝团队的期望努力;也能纠正那些展现出团队不期望看到的行为的人改正其行为的同时,朝团队期望看到的行为努力。

6.1.5 强制排序法

问题场景

1 有的管理者很难区分员工优劣，觉得手下员工都差不多，这种情况怎么办呢？

2 可以要求管理者给员工强制排序。

3 很多管理者不愿区分员工优劣是怕伤感情，强制排序不是更伤感情吗？

4 伤不伤感情根本就不是目标评价要考虑的，评价要考虑的是客观公正。

5 确实如此，管理者要学会"当坏人"，要敢于做评价。

6 其实很多管理者不愿评价是在逃避艰难沟通，敢于评价员工，指出员工问题，并不代表管理者成了"坏人"。

问题拆解

评价员工是管理者的责任，区分员工的好坏优劣也是管理者的责任。员工有问题时管理者却不敢说，回避对员工的评价，是管理者在逃避责任。强制排序法可以用在管理者不知如何区分员工优劣时，也可以用在管理者不愿区分员工优劣时。

方法与工具

工具介绍

强制排序法

　　强制排序法又叫强制排列法，是比较常见、简单易行的目标评价方法，是一种非量化、可主观可客观、针对结果的方法。这种方法通常是管理者对员工的优劣顺序从第1名到最后1名做强制排序。强制排序法的核心是建立排行榜，把员工按照排行榜的规则从高到低进行排列，特别适合组织结构稳定、人员规模较小的团队。

两种强制排序法

客观强制排序法指的是排序过程用到的是量化的财务、生产统计等客观数据。例如销售业绩排名、销售增长排名、销售回款排名、客户增长排名、出勤天数排名、合理化建议排名等。

客观
强制
排序法

主观
强制
排序法

主观强制排序法是根据上级评价、同级评价或评价小组的评价等主观判断进行排序的方法。有时为了提高排序的精准程度，也可以根据岗位工作内容做适当的分解。按分解后的分项进行排序，再求出平均排序数。

应用解析

强制排序法应用案例

某部门甲、乙、丙、丁4名员工的主观强制排序结果如下表所示：

姓名	评价人1	评价人2	评价人3	汇总平均	最终排序
甲	1	2	1	1.3	1
乙	2	1	3	2.0	2
丙	3	3	2	2.7	3
丁	4	4	4	4	4

选取个人品质、行为态度、业务能力、工作成效这4点为评价依据。

正面：实现部门价值、与其他部门密切配合、决策准确、合理分工等
负面：只顾自己、不配合、无法按时保质保量完成任务等

工作成效30%

正面：精通业务、有领导力和执行力、有沟通协调能力、有逻辑思维能力、工作思路清晰等
负面：业务能力差，眼高手低、缺乏沟通、不思进取等

业务能力30%

正面：品行端正、以身作则、责任心强、言行一致、坚持原则、具备团队精神和奉献精神等
负面：言行不一、推卸责任、个人主义等

行为态度20%

正面：品行端正、以身作则、责任心强、言行一致、坚持原则、具备团队精神和奉献精神等
负面：言行不一、推卸责任、个人主义等

个人品质20%

小贴士

应用强制排序法中的主观评分时，要注意评分项不宜设置过多，一般以不超过5项为宜。如果设置项过多，人们在评分时可能会感到过于复杂、思维混乱，而且在主观评价中的分项实际上并不能提高准确度。

6.1.6 强制分布法

问题场景

1 排序过于强调先后顺序了，客观上有的员工确实差不多，这种情况怎么办呢？

2 可以用强制分布法，对员工分类而非排序。

3 要分多少类呢？

4 可以根据团队人数规模来分类，分类数量一般在3～5类，用A、B、C、D、E这类字母表示，A代表最优。

5 每类的人数比例怎么定呢？

6 可以内部讨论确定，一般遵循头部20%～30%，尾部10%～20%的规律。

问题拆解

强制分布法是根据员工优劣通常呈现"两头小、中间大"的正态分布规律，划分出团队的等级划分及每个等级中员工的数量占比，然后按照每个员工的情况，强制按照比例列入其中的某一个等级，从而完成对员工的评价。

方法与工具

工具介绍

强制分布法

　　强制分布法也叫强迫分配法或硬性分布法，是一种非量化、可主观可客观、针对结果的目标评价方法。与强制排序法不同的是，这种方法是人为对员工设置几个分类，把员工按不同绩效、行为、态度、能力等标准归到不同分类中。当被评价人数较多时，适合应用强制分布法。

　　强制分布法源于美国通用电气公司的前 CEO 杰克·韦尔奇（Jack Welch）的"活力曲线"。杰克·韦尔奇按绩效和能力，将员工分成 3 类，A 类占比 20%，B 类占比 70%，C 类占比 10%。

实施强制分布法的 4 个步骤

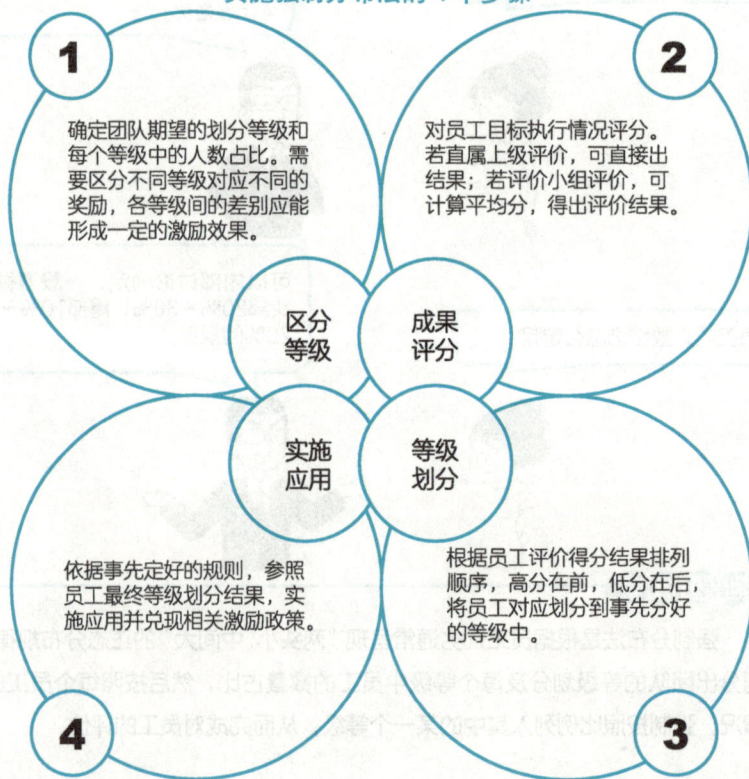

1

确定团队期望的划分等级和每个等级中的人数占比。需要区分不同等级对应不同的奖励，各等级间的差别应能形成一定的激励效果。

2

对员工目标执行情况评分。若直属上级评价，可直接出结果；若评价小组评价，可计算平均分，得出评价结果。

区分
等级

成果
评分

实施
应用

等级
划分

4

依据事先定好的规则，参照员工最终等级划分结果，实施应用并兑现相关激励政策。

3

根据员工评价得分结果排列顺序，高分在前，低分在后，将员工对应划分到事先分好的等级中。

应用解析

强制分布法应用案例

某公司实施强制分布法评价所有员工，把所有员工分成A、B、C、D、E 5个等级，每个等级对应的人数比例如下表所示：

绩效类别	A	B	C	D	E
人数占比	10%	20%	30%	30%	10%
第2年薪酬变化奖励	提升20%	提升15%	提升10%	提升5%	不变

某部门共10名员工，该部门负责人为体现公正性，成立评价小组，按工作态度、工作能力和工作结果3个维度，对部门内不同成员进行评价，评分表如下所示：

部门	姓名	工作态度权重30%	工作能力权重30%	工作绩效权重40%	得分

根据汇总对各评价小组成员的评分结果进行平均后，得到部门所有员工评分结果，并根据分数结果，参照等级划分比例，得出不同员工所属等级。

姓名	绩效分数	所属等级
张晓萌	82	C
李舒淇	87	B
王海燕	83	C
徐峰	89	A
王磊	75	D
张强	72	E
李艳	81	C
刘乐乐	78	D
徐晓梅	76	D
王晓明	86	B

小贴士

强制分布法是目标管理的一个环节，不能代替目标管理。目标管理的质量决定了强制分部法能否有效实施。如果目标管理本身质量有问题，盲目实施强制分布法，则很可能出问题，甚至引发员工不满。

6.1.7　360度评估法

问题场景

1 只是管理者一个人评价员工，会不会有失公允？

2 确实有这种可能性。

3 那可不可以在更多维度上对员工进行评价呢？

4 可以采取360度评估法，让更多人参与到员工评价中。

5 感觉360度评估是比较完美的方法，会让评价更全面，更准确。

6 并不会，因为360度评估通常是比较主观的评价，多人的主观评价并不会让评价结果变得客观。

问题拆解

　　360度评估法打破了只有上级评价下级可能出现的评判错误，可以从多个角度评价员工，但不能简单认为这种评价方法更精准。360度评估法中的评价模式是主观评价，也可能导致某些员工借机发泄个人情绪。

方法与工具

工具介绍

360 度评估

360 度评估（360°Feedback），也叫全方位评估，是一种量化、主观、针对结果的方法，最早是由英特尔公司提出并实施的。它是将员工的直接上级、直接下级、关联方、顾客以及员工本人全方位对自己目标执行情况实施评价。被评价者不仅可以获得来自各方的反馈，也可以从不同角度的反馈中更清醒认识到自己的优势与不足。

360 度评估的实施步骤

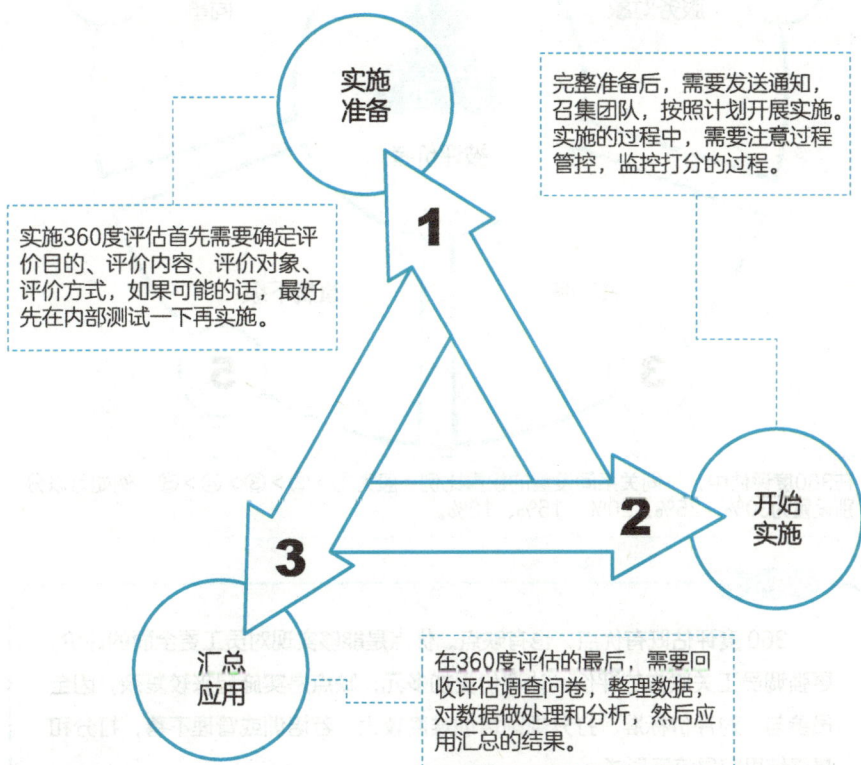

实施准备

完整准备后，需要发送通知，召集团队，按照计划开展实施。实施的过程中，需要注意过程管控，监控打分的过程。

1

实施360度评估首先需要确定评价目的、评价内容、评价对象、评价方式，如果可能的话，最好先在内部测试一下再实施。

3

2

开始实施

汇总应用

在360度评估的最后，需要回收评估调查问卷，整理数据，对数据做处理和分析，然后应用汇总的结果。

应用解析

360 度评估应用案例

360度评估中被评价者与各方的通用关系如下图所示：

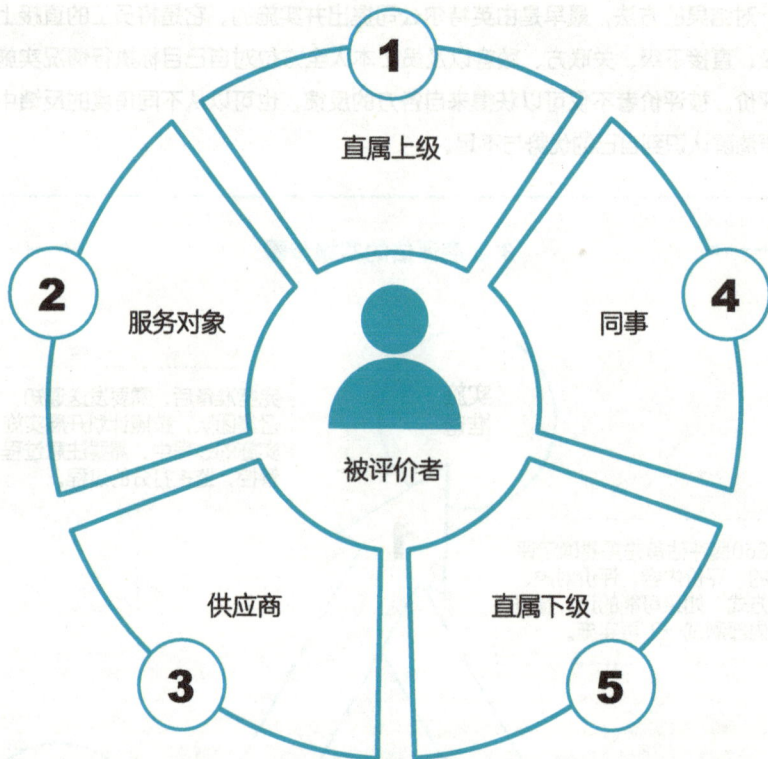

在360度评估中，不同关系间设置的权重比例一般为①>②>③>④>⑤，例如可以分别设置为30%、25%、20%、15%、10%。

小贴士

　　360 度评估既有优点，也有缺点。优点是能够实现对员工更全面的评价，更强调员工关联方的评价，让评价更加多元；缺点是实施起来较复杂，因全员参与，对评价标准、打分规则培训难度较大，若培训或管理不善，打分和最终结果容易流于形式。

6.2　评价注意事项

　　管理者在实施目标评价时，免不了会出现各类问题。为避免这些问题的发生，管理者要做好提前防控。在目标评价的所有常见问题中，评价信息的真实准确性是最值得管理者关注的，要提前做好保障。

6.2.1 评价常见问题

🔒 **问题场景**

1 我们之前也有目标评价，但评价标准不科学，不是可衡量性差，就是不贴近团队的真正目标。

2 应该是因为没有界定工作要求，没明确目标评价标准和水平标度导致的。

3 确实，我们之前的评价过于简单直接了，员工也不认可。

4 目标评价方法还是要建立在工作分析的基础上。

5 之前还有管理者让目标评价陷入形式主义的情况。

6 除了不断宣导教育和强化培训外，还需要你这个一把手亲自带头，以身作则实施评价才行。

问题拆解

评价的目的是为了分析改进。目标评价如果实施不到位，很容易陷入没人真正对目标评价结果认真客观分析，没人真正利用目标评价过程和结果帮助员工从绩效、行为、能力、责任等多方面进行提升。

方法与工具

工具介绍

7 种目标评价方法比较

7 种目标评价方法没有绝对意义的好坏之分，只有相对意义的适合与不适合。

一个团队内部的不同岗位可以根据实际情况采取不同的目标评价方法，但对同一岗位，应采取相同的目标评价方法。

7 种目标评价方法比较

目标评价方法	量化/非量化	主观/客观	过程/结果	适用情况
关键事件法	非量化	客观	过程	工作成果较难量化，但工作流程和工作行为标准相较容易明确
行为锚定法	量化	客观	结果	强调行为表现成果的岗位
行为观察法	量化	主观/客观	过程/结果	任何团队或岗位
加权选择法	量化	客观	过程/结果	任何团队或岗位
强制排序法	非量化	主观/客观	结果	组织结构稳定，人员规模较小的团队
强制分布法	非量化	主观/客观	结果	被评价人数较多的团队
360度评估法	量化	主观	结果	任何团队或岗位

应用解析

目标评价常见问题解析

序号	常见问题	具体表现	参考改进措施
1	晕轮效应	以偏概全，放大某一次或某几次非重点的失误而忽略目标管理的真正要求	以工作目标达成情况为依据
2	近因误差	以近期印象代替全部，或仅做某一时期的短暂评估而忽略一贯表现的好与坏	做好目标管理过程中的数据收集、记录，按客观目标结果进行评价
3	感情效应	管理者的非理性因素，造成评价结果时不自觉地受感情影响	以客观目标达成情况为依据，强化监督
4	集中趋势	目标评价结果都趋于中间（合格层），彼此拉不开距离	结果以统计百分比进行衡量，或实施强制排序法或强制分布法
5	暗示效应	评价人受某几位领导或权威人士的影响产生偏差	以客观目标达成情况为依据，并与相关领导沟通彼此意图
6	倒推倾向	先因某人平时表现为其确定出一个评价结果，而后倒推出得分	不带有色眼镜，以客观目标结果为依据

小贴士

目标评价如果做不好，将直接影响整个目标管理工作进展和实施效果，影响员工对自身工作的评价和改善，甚至将直接影响员工的个人利益。许多团队目标管理工作开展不下去，就是因为在目标评价环节出了问题。

6.2.2 信息真实保障

问题场景

1 我们以前做目标评价，在信息的真实和准确性上出过不少错误。

2 这些错误是有意为之的，还是无意为之的呢？

3 这个还真没深究，有意或无意确实性质大不同。

4 要解决这类问题，还是要研究一下为什么信息会出错，找到问题源头。

5 我们确实比较欠缺这种追根溯源的能力。有意或无意造成的信息错误，应对方法有什么不同吗？

6 如果是无意，主要可以从机制和流程上改进，如果是有意，那就要在思想上做文章了。

问题拆解

目标评价相关信息的收集出现误差通常可分为无意和有意两种情况，为保证评价信息真实有效，管理者在设计目标评价相关信息或数据的收集和核准时，应当分情况从这两方面有针对性地采取措施。

方法与工具

工具介绍

目标评价信息收集

目标评价需要收集相关信息，这些信息不仅是目标评价的依据，也是发现问题、改进问题的依据。与目标评价相关的信息不仅来自员工所在岗位，也可能来自与员工相关的关联方。有效收集这些信息，保证信息的客观、准确、及时，直接影响着目标评价的成败。

信息检查 3 步法

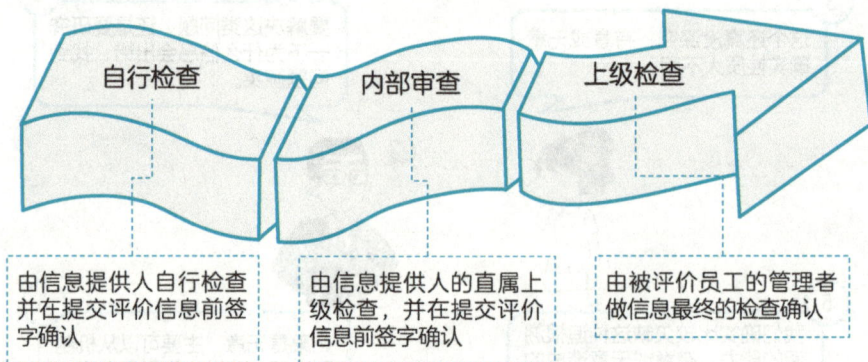

自行检查　　内部审查　　上级检查

由信息提供人自行检查并在提交评价信息前签字确认

由信息提供人的直属上级检查，并在提交评价信息前签字确认

由被评价员工的管理者做信息最终的检查确认

信息传递的线性关系

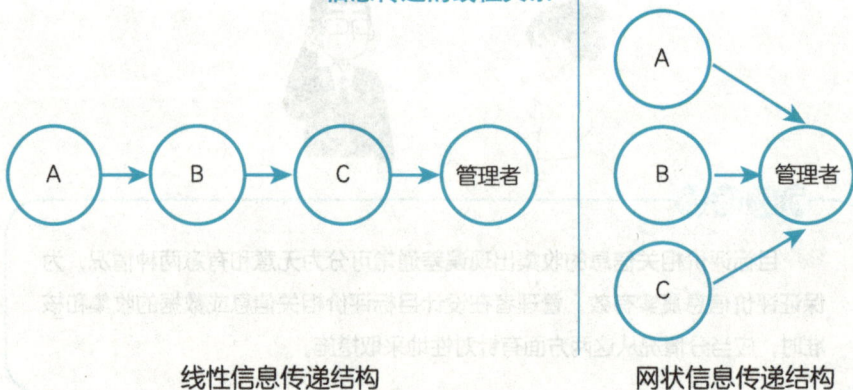

A → B → C → 管理者

线性信息传递结构

A → 管理者
B → 管理者
C → 管理者

网状信息传递结构

应用解析

针对信息错误的应对方法

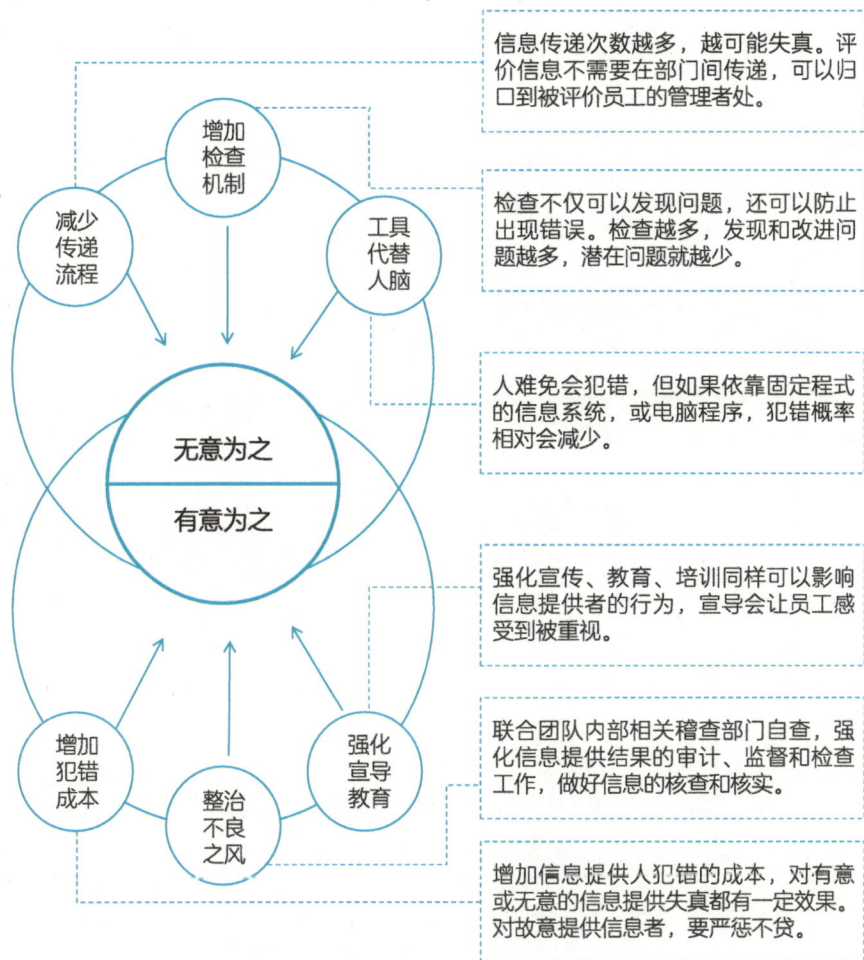

信息传递次数越多，越可能失真。评价信息不需要在部门间传递，可以归口到被评价员工的管理者处。

检查不仅可以发现问题，还可以防止出现错误。检查越多，发现和改进问题越多，潜在问题就越少。

人难免会犯错，但如果依靠固定程式的信息系统，或电脑程序，犯错概率相对会减少。

增加
检查
机制

减少
传递
流程

工具
代替
人脑

无意为之

有意为之

强化宣传、教育、培训同样可以影响信息提供者的行为，宣导会让员工感受到被重视。

联合团队内部相关稽查部门自查，强化信息提供结果的审计、监督和检查工作，做好信息的核查和核实。

增加
犯错
成本

整治
不良
之风

强化
宣导
教育

增加信息提供人犯错的成本，对有意或无意的信息提供失真都有一定效果。对故意提供信息者，要严惩不贷。

小贴士

对有意提供虚假信息者，应给予较大力度的处罚。可以把这类内容写入规章制度，将其定义为严重违纪行为。一旦违反，可以与故意提供失真评价信息者解除劳动关系。造成损失的，可以依法追究信息提供人相应的责任。

07

结果应用

💎 本章背景

1 有了目标，有了过程管控，有了目标评价，目标管理算是全了。

2 还要有对目标评价结果的应用，目标管理才算全面。

3 对！有始有终，员工才会相信和接受目标管理。

4 没错，如果有没有目标评价结果对员工来说都一样，那这件事就变得没意义了。

5 结果应用主要指的是给员工兑现奖金吧？

6 不全是，员工层面只是结果应用之一，奖金也只是员工层面的应用之一。

背景介绍

　　根据"目标－承诺－结果－应用"的原则，得出目标评价结果后，根据目标管理的设计，团队可以应用目标结果。目标结果的应用包括两个层面，分别是团队层面和员工层面。团队层面着眼宏观，更关注流程、机制、环境等因素；员工层面聚焦微观，更关注通过兑现员工个人利益来激励员工。

7.1 团队层面应用

目标评价结果在团队层面的应用能够帮助团队准确查找、快速发现和精确定位组织层面的问题，制订组织层面更宏观的目标改进计划或培训计划，作为员工岗位调整和职级变动的重要依据，作为人才决策的重要依据。

7.1.1 团队问题诊断

问题场景

1 我之前总觉得目标评价结果就是用来发工资的。

2 目标评价结果最重要的作用不是用来发工资，而是用来解决问题。

NO!

3 对，解决员工的问题更关键。

4 其实首先要解决的，不是员工的问题，而是团队层面的问题。

5 也就是要先解决顶层问题是吧?

6 是的，先从顶层设计角度去发现面上的问题和共性问题。

问题拆解

　　目标评价结果的首要作用是帮助团队发现和解决问题，尤其是顶层管理方面的问题。根据吉尔伯特行为工程模型，解决环境层面的问题比解决个人层面的问题更有可能达成目标。所以运用目标评价结果，应当优先解决顶层问题。

方法与工具

工具介绍

组织目标管理问题诊断

组织目标管理问题诊断包括 4 方面的内容，分别是组织机构和经营模式的诊断；目标管理制度和体系的诊断；目标评价方法和标准的诊断；目标管理上下级行为的诊断。

组织问题诊断的 3 种对比形式

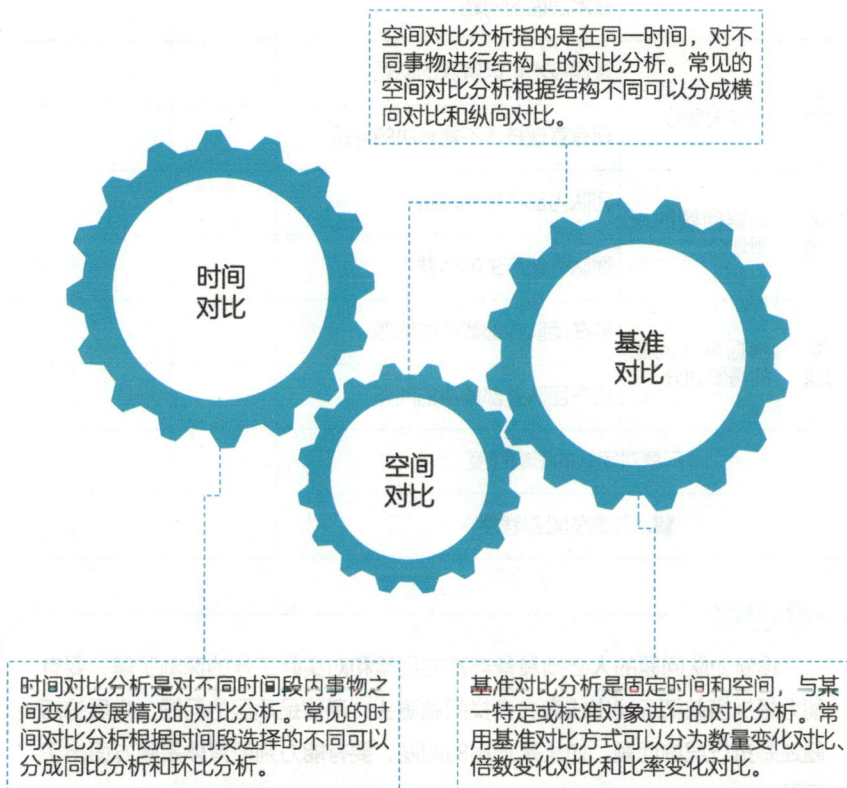

空间对比分析指的是在同一时间，对不同事物进行结构上的对比分析。常见的空间对比分析根据结构不同可以分成横向对比和纵向对比。

时间对比

空间对比

基准对比

时间对比分析是对不同时间段内事物之间变化发展情况的对比分析。常见的时间对比分析根据时间段选择的不同可以分成同比分析和环比分析。

基准对比分析是固定时间和空间，与某一特定或标准对象进行的对比分析。常用基准对比方式可以分为数量变化对比、倍数变化对比和比率变化对比。

应用解析

某公司目标管理问题诊断分类表

问题分类及描述			问题1	问题2	问题3
A类问题	根据问题的实施范围划分	组织层面的问题			
		子公司或部门层面的问题			
B类问题	根据影响问题的因素划分	人与团队关系的问题			
		物质层面的问题			
		技术层面的问题			
C类问题	根据问题解决的方法划分	管理技术可以解决的问题			
		现有管理技术不能解决的问题			
D类问题	根据问题的来源划分	团队内部产生的问题			
		团队外部产生的问题			
E类问题	根据解决问题的需要划分	能在团队内部解决的问题			
		需在团队外部解决的问题			
问题对团队的影响程度					
解决问题的难易程度					

小贴士

　　诊断团队问题的人必须具备丰富的经验和对实际工作的深刻了解，要有能力根据当前情况找出线索，查找问题源头，评估是顶层的问题、中层的问题还是执行层的问题。如果是顶层的问题，要有能力判断具体是哪方面出了问题。

7.1.2　组织计划调整

问题场景

① 顶层的管理问题解决起来往往比较慢，很容易不了了之。

② 这通常是因为没有制订计划，没有把资源和主要精力用在解决问题上。

③ 那是不是制订了改进计划之后，问题就解决了？

④ 制订改进计划之后还要注意设置优先级顺序，先解决重要且棘手的问题。

⑤ 对，一件一件地解决问题！

⑥ 其实问题是解决不完的，永远要把80%的资源用在解决重要性排在前20%的问题上。

问题拆解

　　目标评价结果低，说明有问题，既然有问题，就要有对应的改进问题的计划。但资源是有限的，且问题是解决不完的，重要的问题有重大影响，要用有限的资源优先解决那些重要的问题。

方法与工具

工具介绍

目标改进计划

目标改进计划是管理者和员工经过充分的沟通讨论后制订的行动计划。目标改进计划与目标计划对应，可以分成组织、部门和岗位 3 个层面。目标改进计划的制订要本着切合实际、具体明确、固定时间的原则。

管理者和员工应沟通和讨论目标改进计划中问题和事项的优先程度，优先解决相对比较重要且紧急的问题。对既不重要又不紧急的问题，可以暂时记录，暂不列入目标改进计划。这一点与设计目标先后顺序的逻辑类似。

目标改进计划的优先顺序

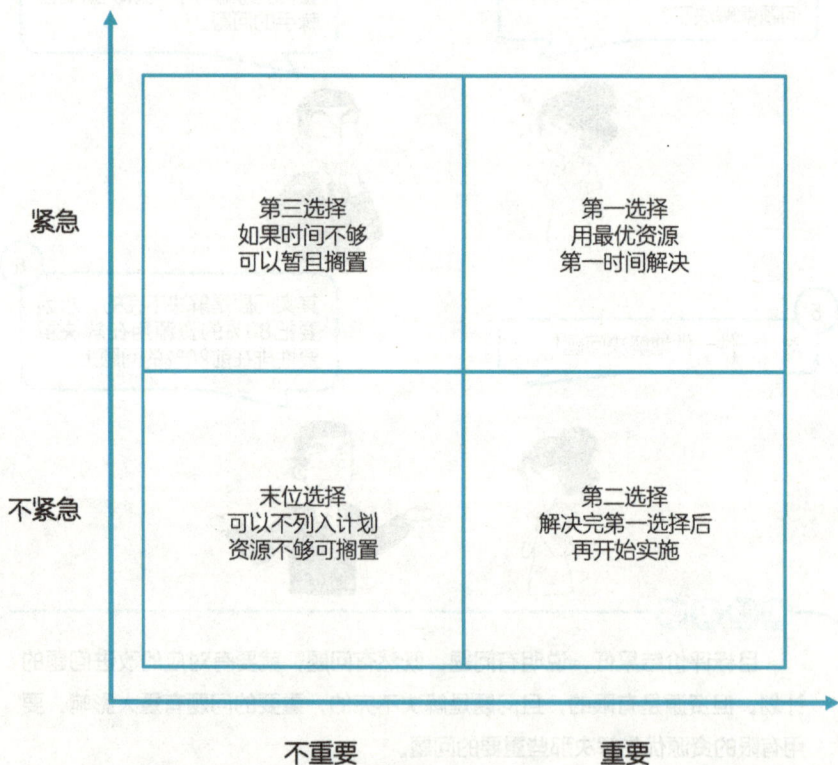

紧急	第三选择 如果时间不够 可以暂且搁置	第一选择 用最优资源 第一时间解决
不紧急	末位选择 可以不列入计划 资源不够可搁置	第二选择 解决完第一选择后 再开始实施
	不重要	重要

应用解析

目标改进计划模板

员工姓名	员工工号	员工部门	员工职位	上级姓名	上级职位

上个目标管理周期员工的目标达成情况

上个目标管理周期对员工的整体评价

目标改进项目	目标改进原因	当前目标实施情况	期望目标达成情况	目标改进方式	目标改进期限

本计划制订时间

本计划实施周期

本计划中需要管理者的支持

本计划中需要另外部门支持

员工签字：　　　日期：

管理者签字：　　　日期：

小贴士

目标改进计划发生在上一个目标评价周期结束后与下一个目标评价周期开始前。目标改进计划虽然是对正常目标计划的补充，但同样需要针对计划实施评价、反馈或辅导。如果员工下个周期目标评价结果显著提高，则在一定程度上说明目标改进计划有成效。

7.1.3 岗位调配依据

问题场景

1 除了顶层和计划外，目标评价结果在团队层面还有哪些应用呢？

2 在对岗位的调配方面，也可以用目标评价结果为依据。

4 实际上，具体到对每个岗位上的员工采取什么样的应对策略，都可以参考目标评价结果。

3 这种依据只能细化到岗位吗？

5 就是说看员工要晋升或降职吧？

6 员工岗位调配不仅包括纵向职位上的晋升或降职，还包括横向岗位上的调岗或工作轮换。

问题拆解

目标结果的达成情况可以作为员工岗位调整的依据，这种依据可以细化到每个员工，原理是根据员工目标达成情况和员工态度、素质、能力等各要素的组合，对员工进行分类区分，对不同类别的员工采取不同的应对策略。

方法与工具

工具介绍

能力－绩效9宫格

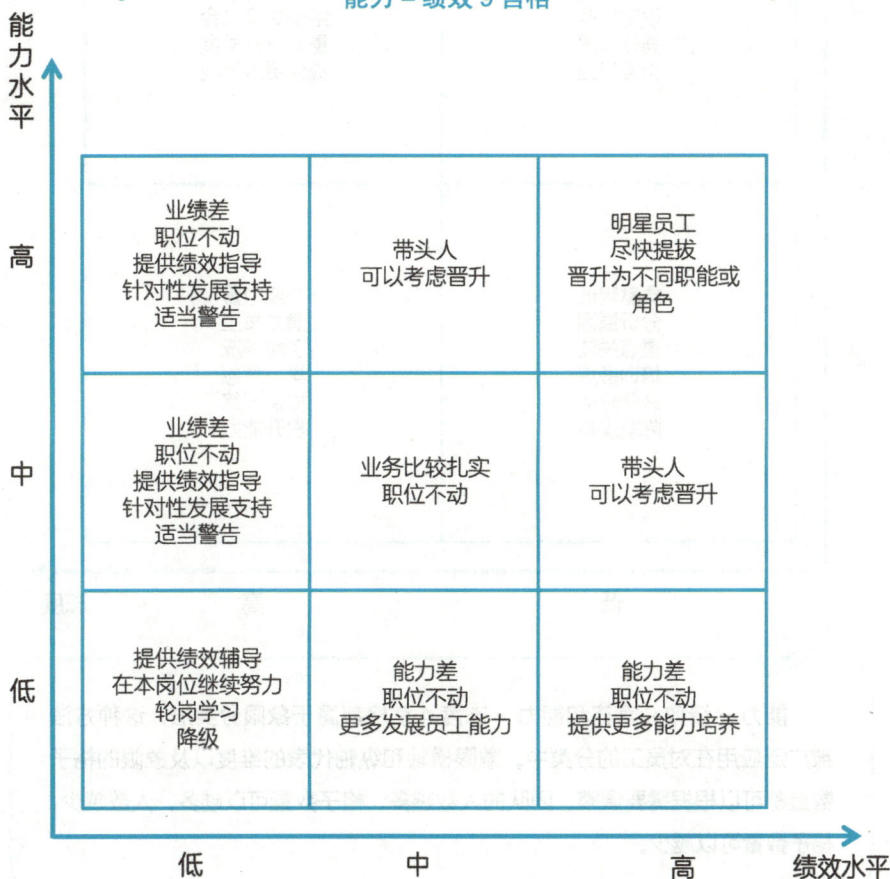

对员工职位或岗位的调配可以用到能力－绩效九宫格。能力－绩效九宫格是把员工能力水平和绩效水平分别作为纵轴和横轴，并划分成高、中、低三个层级，根据员工的具体情况，有针对性地进行职位或岗位调配的工具。其中，绩效水平是根据员工目标结果达成情况做出的评判。

能力－绩效9宫格

能力水平	低	中	高
高	业绩差 职位不动 提供绩效指导 针对性发展支持 适当警告	带头人 可以考虑晋升	明星员工 尽快提拔 晋升为不同职能或角色
中	业绩差 职位不动 提供绩效指导 针对性发展支持 适当警告	业务比较扎实 职位不动	带头人 可以考虑晋升
低	提供绩效辅导 在本岗位继续努力 轮岗学习 降级	能力差 职位不动 更多发展员工能力	能力差 职位不动 提供更多能力培养

绩效水平：低　中　高

应用解析

能力 – 态度 4 宫格

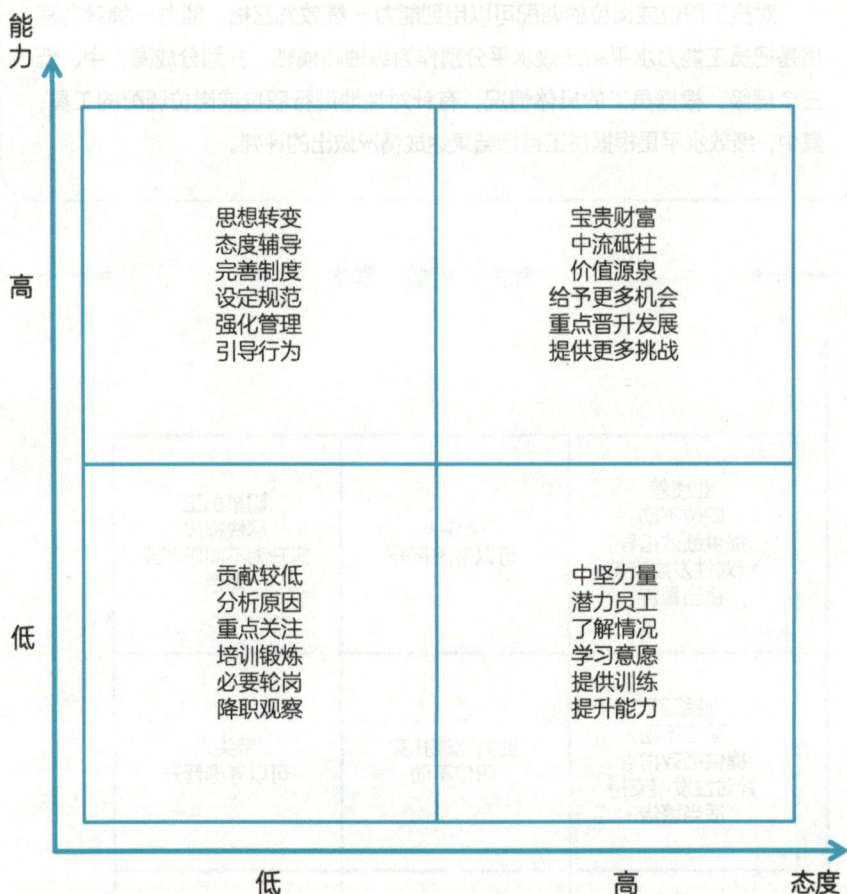

能力↑

高

| 思想转变
态度辅导
完善制度
设定规范
强化管理
引导行为 | 宝贵财富
中流砥柱
价值源泉
给予更多机会
重点晋升发展
提供更多挑战 |

低

| 贡献较低
分析原因
重点关注
培训锻炼
必要轮岗
降职观察 | 中坚力量
潜力员工
了解情况
学习意愿
提供训练
提升能力 |

低　　　　　　　　高　　　态度

小贴士

　　能力 – 绩效 9 宫格和能力 – 态度 4 宫格都属于象限分类法，这种方法被广泛应用在对员工的分类中。象限横轴和纵轴代表的维度以及象限的格子数量都可以根据需要调整。团队的人数越多，格子数量可以越多，人数越少，格子数量可以越少。

7.1.4 人才决策参考

问题场景

1 目标评价结果在团队层面还有什么应用呢?

2 可以用团队阶段性的目标评价结果作为人才决策的依据。

3 人才决策具体指哪方面的决策呢?

4 人才的配置规划、招聘计划、培训计划等都属于人才决策。

5 人才决策如何被目标评价结果影响呢?

6 主要是根据目标评价结果中展现出好的方面和不好的方面,好的要继续发扬,不好的要予以调整。

问题拆解

　　团队中人力资源存在的核心目的是帮助团队实现目标,为促进团队达成目标,可以根据团队目标达成情况调整人力资源管理的相关策略。在如何做人才决策方面,目标评价结果起着非常重要的影响。

方法与工具

工具介绍

目标结果在人才决策中的应用

员工达成目标的结果情况可以应用在人才决策上，包括对团队的人才规划、组织机构策略、人才招募策略、人才培养策略、人才盘点策略、人才激励策略、职业规划策略、员工关系策略的设计或修改。

目标结果在人才招募选拔中的 3 项应用

团队和部门的目标评价结果将直接影响团队的战略，进而影响人力资源策略和招聘策略，从而影响招聘计划的制订。

招聘计划制订

招募筛选参考

招聘效果检验

目标评价结果可以作为人才选拔的重要依据。通过了解人才过去的目标达成情况，可以预判人才未来的目标达成状况。

通过对新员工目标评价，可以判断其与岗位能力要求的匹配程度，从而检验人才招聘质量，进而说明招聘管理工作质量。

应用解析

目标评价结果在培训方面的应用逻辑

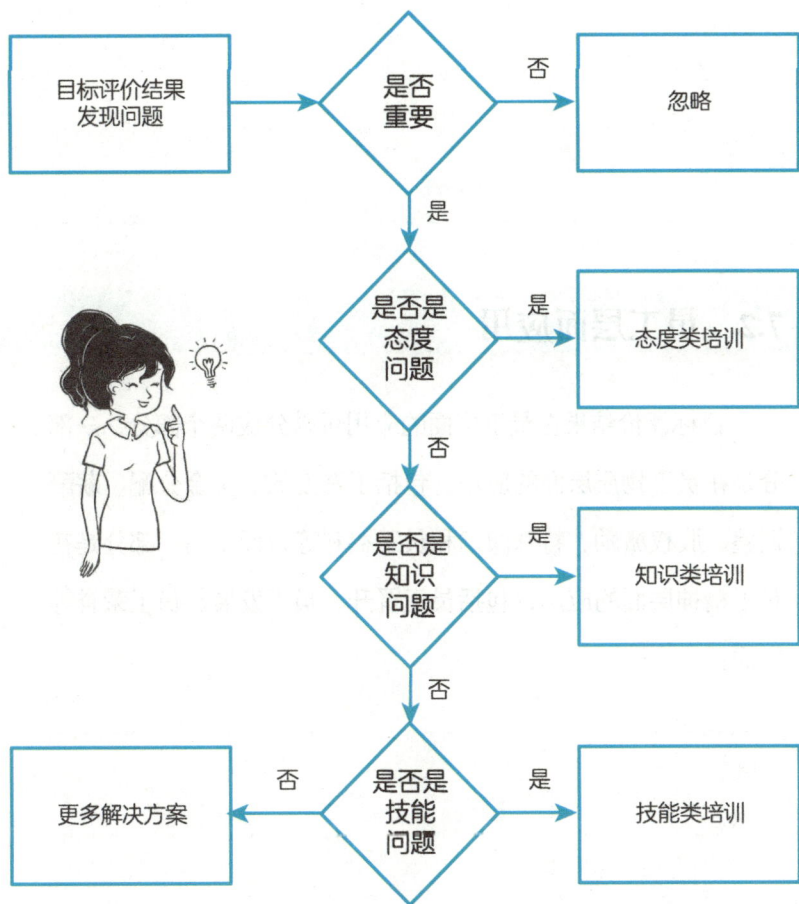

```
目标评价结果          是否      否
发现问题      →      重要    ────→    忽略
                      │
                      │是
                      ↓
                   是否是      是
                   态度    ────→    态度类培训
                   问题
                      │
                      │否
                      ↓
                   是否是      是
                   知识    ────→    知识类培训
                   问题
                      │
                      │否
                      ↓
   更多解决方案   否   是否是      是
      ←────────      技能    ────→    技能类培训
                   问题
```

小贴士

　　对目标达成情况的评估也是培训结果评估的一种方式。如果员工参训后目标达成情况明显提升，则在一定程度上能够说明培训实施是有效果的；反之，如果目标达成情况没有明显提升，则说明实施培训没有明显效果。

7.2　员工层面应用

目标评价结果在员工层面的应用可以分成两个部分，一部分是在员工物质层面的应用，包括工资发放、奖金分配、薪酬调整、股权激励、特殊津贴和员工福利等方面；另一部分是在员工精神层面的应用，包括员工晋升、员工发展、员工荣誉等方面。

7.2.1 薪酬发放调整

问题场景

1 对员工来说，薪酬最实际了，目标评价结果最应该与员工的薪酬关联。

2 确实，目标达成情况对薪酬的影响决定了员工对目标的重视程度。

3 如何让薪酬和目标达成情况的关联效果达到最大呢？

4 可以从两个方向入手，一是薪酬发放维度，二是薪酬调整维度。

5 薪酬发放和调整都和目标评价结果关联，会不会让员工收入差距越来越大？

6 会的，但这种赢家通吃的模式，能激励员工达成目标。

问题拆解

目标达成结果在薪酬方面的应用主要体现在薪酬发放和调整两个维度。如果在两个维度都应用，将会拉开较好达成目标者与较差达成目标者之间的薪酬差距，让原本薪酬相同但目标达成质量不同的员工薪酬差距越拉越大。这种模式可以引发员工对目标的重视。

方法与工具

工具介绍

目标评价结果在薪酬中的应用

因为目标评价结果引发的薪酬通常是可变收入，这部分收入差异属于激励性收入。与之对应的，还有保障性收入。

保障性收入主要与岗位的重要性、责任大小、能力要求高低等按规定执行，与目标达成情况挂钩的激励性收入应以目标评价结果为基础。

目标评价结果可以应用在薪酬调整中，调薪比例根据目标评价结果不同也应有所区别。一般目标达成情况相对越好，调薪比例越高。

目标评价结果在年终奖发放中的应用

某公司年终奖金以员工月薪基本工资为基准，同时参考员工所在部门年度绩效结果（目标评价结果）、员工个人年度绩效结果（目标评价结果）及个人年度出勤情况，计算和发放年终奖，计算公式如下：
年终奖=员工月薪基本工资×员工所在部门年度绩效结果对应系数×员工个人年度绩效结果对应系数×（员工年度实际出勤天数÷公司规定员工年度应出勤天数）。
其中，员工所在部门年度绩效结果和员工个人年度绩效结果对应系数如下表所示：

员工绩效结果等级	A	B	C	D	E
员工所在部门年度绩效结果对应系数	1.8	1.4	1	0.8	0
员工个人年度绩效结果对应系数	3	2	1	0.5	0

张三月薪基本工资为5 000元，某年度张三所在部门年度绩效结果评定为A，张三本人年度绩效结果评定为B。该年度张三实际出勤200天，公司规定员工年度应出勤天数为240天，则张三年终奖金计算结果如下。
张三的年终奖金=5 000×1.8×2×（200÷240）=15 000（元）。

应用解析

目标评价结果在薪酬调整中的应用

某公司每年根据员工前两年的绩效评定结果（目标评价结果）给员工进行基本工资的调整。根据员工前两年绩效结果的不同，规定员工月度基本工资的调整可以分成4种情况，分别是20%、15%、10%、5%、0，如下表所示：

本年度绩效评定结果	上年度绩效评定结果	基本工资调整幅度
A	A	20%
	B	15%
	C或D	10%
B	A或B	15%
	C或D	5%
C	A或B	10%
	C或D	5%
D	A或B或C或D	0

小贴士

　　有的公司为了减少因员工间原本基本工资不同，造成相同目标评价水平的员工在调薪后薪酬差距拉大；或考虑薪酬成本，在实际操作调薪时，会让原本基本工资较低员工的调薪幅度较小，原本基本工资较高员工的调薪幅度较小。

7.2.2 晋升发展依据

🔒 问题场景

1 团队里能担重任的管理人才太稀缺了，对于能持续达成目标的优秀员工要赶快晋升。

2 不能简单地因为员工能达成目标就给员工晋升。

3 为什么？

4 因为员工晋升要满足的条件比较多，达成目标只是众多条件之一。

5 你是说还要考虑员工的人品或素质之类的吧？

6 不只是这些，还要考虑员工的态度，因为你并不知道员工希不希望被晋升。

问题拆解

员工职位晋升虽然是目标结果应用的一种方式，但并不是只要目标结果达成情况较好，就应当给员工晋升。目标结果达成情况是员工晋升的条件之一，除此之外还要考虑团队发展需要、员工能力和员工意愿等情况。

方法与工具

工具介绍

目标结果在晋升发展方面的应用

目标结果同样可以应用在员工晋升过程中。当团队有管理岗位需求，具备给员工提供晋升的条件时，可以将此作为员工达成目标的一种奖励。

如果团队具备这种条件但没有给员工提供，或没有将其与员工达成目标情况关联，将导致员工的工作热情、创造力、执行力大打折扣，将直接影响员工的满意度和流失率。

一般来说，团队对员工进行职位晋升要满足4个条件，分别是团队发展需要、员工能力到位、员工目标达标和员工主观意愿。

员工职位晋升的4个条件

团队发展需要是员工晋升的前提。如果团队本身并没有发展上、组织机构上、岗位设置上的必要，那也没必要硬给员工晋升机会，可以在员工薪酬上予以调整。

员工能力达到晋升后职位要求是晋升的保障。能力不达标的员工即使团队硬性给予其晋升到某职位，员工也会因不胜任该职位而造成团队和职工双方的损失。

团队发展需要

员工能力到位

员工主观意愿

员工目标达标

有的员工愿意成为管理者，有的则不愿意，不能一概而论。对愿意成为管理者的员工，晋升是种正激励，对不愿意成为管理者的员工，晋升反而成了负激励。

目标达标是员工晋升的条件之一，且是必要条件。晋升目标未达标的员工，即便该员工能力优秀，也不能服众。

应用解析

员工职业发展诉求的 4 个方向

传统升职加薪路线，适合能力素质模型中具备成就导向或具备管理潜质的人。这类人期望通过能力兑换价值，崇尚努力后从职位变化来衡量努力后的结果。

宽度是指追求尝试多种职业的角度。这类人既不喜欢比较高的职位，也不喜欢专业精深，喜欢新鲜的感觉，喜欢尝试不同的职业。

高度

深度

宽度

温度

有的人天生不愿意领导或管理别人，职位上的提升不适合这类人，但愿意通过持续提高自己专业领域能力，未来能够成为优秀的专家、顾问或咨询类人才。

温度是追求安全感的角度。有的人不想把过多的时间和精力用在职业发展上，把职业定位成养家糊口的工具，更期望把时间和精力用在工作之外的事情上。

小贴士

　　对职业发展方向，很多人有种朴素的误解，认为职业发展只有一个方向、一条路径，就是升职加薪。很多人认为只有升职加薪，才代表职业上得到发展，其实职业发展可以选择的方向非常广泛。

7.2.3 长期激励实施

问题场景

1 我觉得自己对员工很好了，但总出现核心员工或管理层发完年终奖就离职的情况。

2 也许因为你的激励方式都是短期的，需要增加一些长期激励。

3 长期激励就是股权激励吗？我不想在股权上做文章。

4 股权激励只是长期激励的一种，不做股权激励，也可以采取比较直接的长期现金计划。

5 长期现金计划？是指发奖金吗？

6 就是根据长期目标完成情况，在3~5年后兑现现金。

问题拆解

　　长期目标对应长期激励，目标结果达成情况也应当与长期激励匹配。长期激励能防止管理者和关键岗位员工做出"杀鸡取卵"的行为。长期激励的种类很多，只要能实现在较长期限内对员工的激励都算长期激励。

🔑 方法与工具

工具介绍

长期激励

　　长期激励指的是对员工行为有较长期影响的激励方式。长期激励的实施周期一般大于年度，但也有一些福利虽然是在较短期兑现，但能起到长期激励的效果。常见的长期激励形式包括股权激励、长期现金、长期福利、合伙人制度。

　　当财务状况较好、资金实力比较充裕时，长期激励可以主要采取长期现金和长期福利。当财务状态较差、资金有限时，长期激励可以主要采取股权激励计划和合伙人制度。

长期激励的 4 种形式

股权激励可以创造组织和个人的利益共同体、激发员工的内在驱动力、有效地吸引和留住人才。

是一种将长期目标达成结果与奖金挂钩的激励形式。目标达成情况越好，奖励的现金越高。

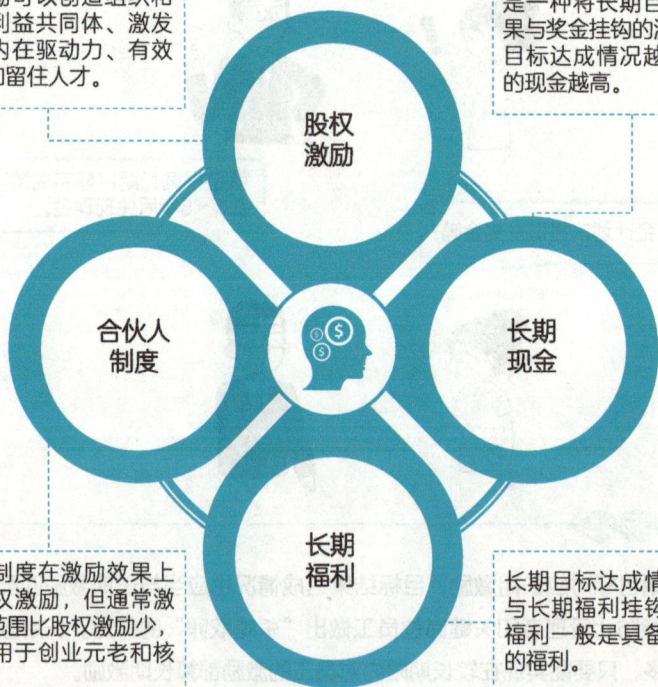

合伙人制度在激励效果上强于股权激励，但通常激励对象范围比股权激励少，适合应用于创业元老和核心人才。

长期目标达成情况也可以与长期福利挂钩。这里的福利一般是具备激励效果的福利。

股权激励　合伙人制度　长期现金　长期福利

应用解析

股权激励的 7 种形式

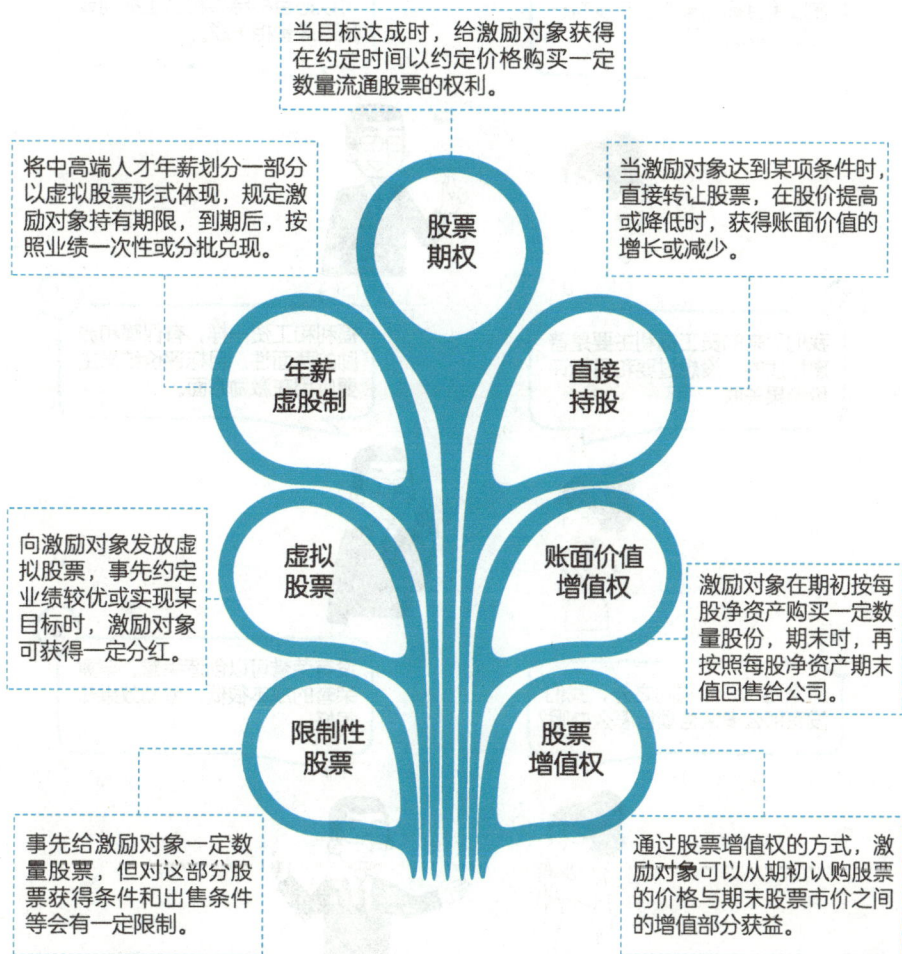

当目标达成时，给激励对象获得在约定时间以约定价格购买一定数量流通股票的权利。

将中高端人才年薪划分一部分以虚拟股票形式体现，规定激励对象持有期限，到期后，按照业绩一次性或分批兑现。

当激励对象达到某项条件时，直接转让股票，在股价提高或降低时，获得账面价值的增长或减少。

股票期权

年薪虚股制

直接持股

向激励对象发放虚拟股票，事先约定业绩较优或实现某目标时，激励对象可获得一定分红。

虚拟股票

账面价值增值权

激励对象在期初按每股净资产购买一定数量股份，期末时，再按照每股净资产期末值回售给公司。

限制性股票

股票增值权

事先给激励对象一定数量股票，但对这部分股票获得条件和出售条件等会有一定限制。

通过股票增值权的方式，激励对象可以从期初认购股票的价格与期末股票市价之间的增值部分获益。

小贴士

和短期激励的原理一样，长期激励的目的也同样应聚焦结果，以结果为导向。对个体来说，结果就是达成目标的程度，而不应当是工作年限、资历长短、学历高低、综合素质高低等任何与目标达成情况无关的事项。

7.2.4　福利荣誉应用

🔒 **问题场景**

1 在应用目标结果方面有没有一些低成本的方法？

2 可以把目标结果和员工福利或员工荣誉相关联。

3 我们原来的员工福利主要是普惠性质的，没想过要和目标评价结果关联。

4 福利和工资一样，有保障和激励的两面性。目标评价结果主要应用在激励方面。

5 原来如此，除福利之外，我们没有那么多荣誉项目怎么办呢？

6 没有荣誉可以创造荣誉，毕竟荣誉的成本很低，激励效果却很好。

问题拆解

　　目标评价结果可以应用在福利和荣誉方面。在福利方面，主要是福利激励部分的应用；在荣誉方面，管理者可以创造荣誉。在荣誉方面的应用成本较低，属于精神激励范畴，但激励效果明显。

方法与工具

工具介绍

弹性福利

弹性福利，也叫菜单式福利，是公司给所有员工提供的除衣、食、住、行等通用福利之外，比较个性化的、可选的福利形式。弹性福利可以解决公司为员工提供福利，又无法获得员工认同的窘境。要提高员工的满意度、忠诚度和敬业度，公司可以根据员工目标达成情况，灵活为员工提供更多"可选择的菜单"式福利。

弹性福利的5大应用场景

可以提供社会保险外的附加保险，用于解决员工发生大病后，医疗支出较多时的忧虑，并且可以帮助员工找到更好的医疗资源。

对可能存在职业病风险的岗位或健康状况较差的群体，提供诸如体检、健身、健康状况分析、疾病预防讲座、提供健康咨询和指导等福利。

节日福利可以包括季节性福利，比如端午节、中秋节、春节等节假日公司所发放的福利由员工选择。

健康管理

节日福利

补充保险

灵活福利

目标奖励

包括弹性的工作时间、养老服务计划、定制化年金、除法律规定额外的带薪休假、冬季的取暖费、妇女卫生补贴等。

目标奖励不一定要发奖金，员工可以自主选择，通过员工行为表现、劳动态度和工作业绩及综合素质的全面检测、分析和评价，用更灵活的形式提供奖励。

应用解析

常见的 7 种荣誉类别

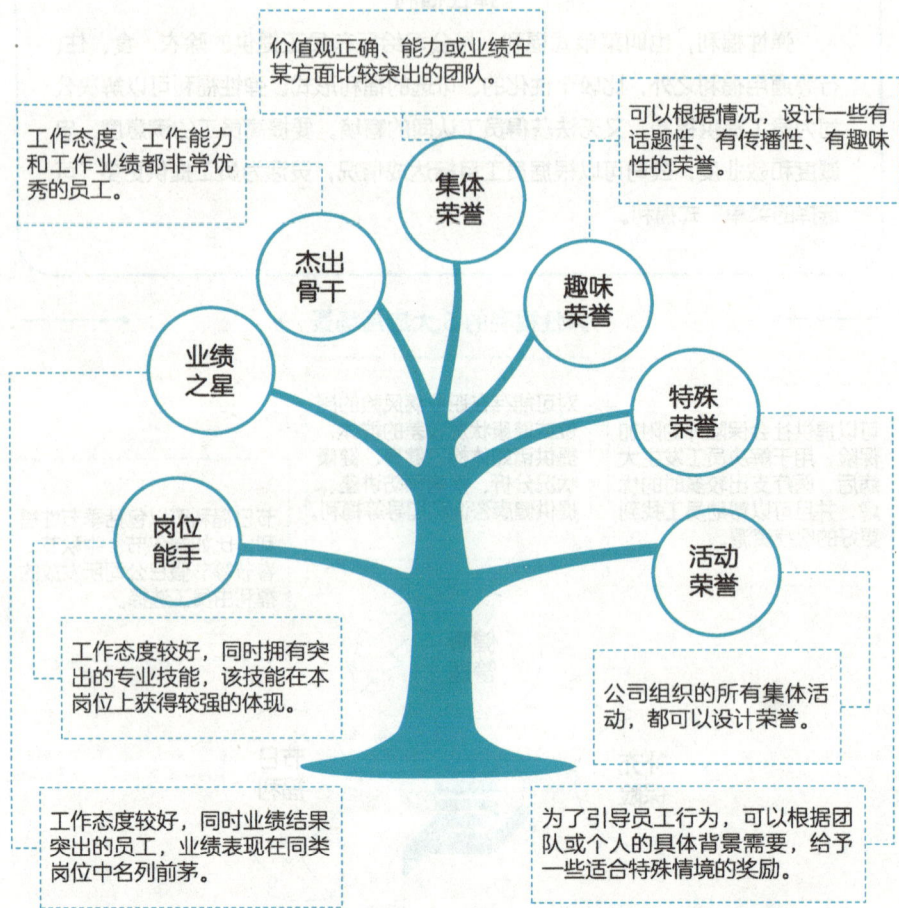

价值观正确、能力或业绩在某方面比较突出的团队。

可以根据情况，设计一些有话题性、有传播性、有趣味性的荣誉。

工作态度、工作能力和工作业绩都非常优秀的员工。

集体荣誉

趣味荣誉

杰出骨干

业绩之星

特殊荣誉

岗位能手

活动荣誉

工作态度较好，同时拥有突出的专业技能，该技能在本岗位上获得较强的体现。

公司组织的所有集体活动，都可以设计荣誉。

工作态度较好，同时业绩结果突出的员工，业绩表现在同类岗位中名列前茅。

为了引导员工行为，可以根据团队或个人的具体背景需要，给予一些适合特殊情境的奖励。

小贴士

荣誉虽然占用的财务成本较小，但也应当设计成少数员工才能够获得的精神奖励。否则，荣誉本身对员工来说将会变得没有价值，失去激励效果。同一种荣誉设置的获奖员工的数量宜少不宜多，一般应控制在有资格获得这类荣誉员工总人数的 20% 以内。